Exerçons-nous

D1485123

Phonétique

350 exercices

AVEC 6 CASSETTES

Dominique ABRY
Maître de Conférence
à l'Université Stendhal - Grenoble

Marie-Laure CHALARON
Assistante
à l'Université Stendhal - Grenoble

Centre Universitaire d'Études Françaises

HACHETTE

43, quai

iNTRODUCTION

« Pour apprendre à prononcer il faut des années et des années. Grâce à la science, nous pouvons y arriver en quelques minutes ». Ainsi parle le professeur dans *La leçon* de Ionesco où ce docte personnage mêle dans un discours didactique et enflammé termes techniques, images, métaphores, vérités, paradoxes et interprétations : nous proférons des sons qui, nous dit-il, « s'agrippent les uns aux autres automatiquement constituant ainsi des syllabes, des mots, à la rigueur des phrases [...] » ; nos cordes vocales sont des harpes qui « frémissent, s'agitent ou chuintent ou se froissent ou sifflent » et notre voix une modulation qui peut se transformer en « un terrible orage symphonique avec tout un cortège [...] de gerbes de fleurs des plus variées, d'artifices sonores : labiales, dentales, occlusives, palatales et autres tantôt caressantes, tantôt amères ou violentes ».
Comme celle du professeur notre opinion est faite : « Il est [...] utile de bien prononcer, d'éviter les défauts de prononciation » car « une mauvaise prononciation peut vous jouer des tours ». Malheureusement nous ne connaissons guère de cas semblable à celui de l'ami de régiment du professeur qui, confondant les « f » avec les « f » avait de surcroît « la chance de pouvoir si bien cacher son défaut, grâce à des chapeaux, que l'on ne s'en apercevait pas ».

Public et objectifs

L'ouvrage que nous proposons sera, nous l'espérons, un auxiliaire utile pour tous les étudiants qui désirent s'entraîner, seuls ou avec un professeur, et pour les enseignants dans leurs classes et leurs laboratoires.
Ils trouveront dans ce manuel de consultation aisée un important corpus d'exercices et de textes qui leur permettront de travailler systématiquement les principales caractéristiques du système phonétique français.

Suivi éditorial : Anne Bancilhon.
Maquette et mise en pages : Bille en tête.

ISBN : 2.01.020550.2
ISSN : 114 2.768 X
© HACHETTE LIVRE 1994
24, boulevard Saint-Michel - 75288 Paris Cedex 06.

Pour découvrir nos nouveautés, consulter notre catalogue en ligne, contacter nos diffuseurs, ou nous écrire, rendez-vous sur Internet :
www.fle.hachette-livre.fr

Composition de l'ouvrage

I - La première partie, qui comporte un seul chapitre, concerne les caractéristiques mélodiques, rythmiques et accentuelles de la phrase française.

Ce chapitre fournit le cadre général dans lequel s'inscrit toute production sonore. L'étudiant s'y entraînera à percevoir et reproduire les groupes rythmiques, les contours intonatifs de base et sera sensibilisé à la place de l'accent, ainsi qu'à la syllabation. L'attention portée à ces phénomènes devra rester constante à chaque fois que l'on travaillera, dans les chapitres suivants, au niveau de la phrase et du texte.

II - La deuxième partie concerne les caractéristiques articulatoires des voyelles et semi-voyelles.

Le système vocalique adopté pour la description est un système à 13 voyelles, conformément aux tendances actuelles du français standard. Les oppositions :

– [a] antérieur / [ɑ] postérieur (mal / mâle) ;

– [ɛ̃] / [œ̃] (brin / brun) ;

– [ə] central / [ø] / [œ] (ce / ceux / seul)

ne font donc pas l'objet d'exercices systématiques de prononciation car ces oppositions, si elles n'ont pas encore totalement disparu, sont en voie de disparition. Il est donc inutile de s'y attarder avec les étudiants étrangers.

Lorsque l'opposition des sons n'est plus fonctionnelle (cf. supra) ou qu'elle tend à se neutraliser, comme pour la série de voyelles intermédiaires, nous en faisons la remarque dans les chapitres correspondants et notons alors le phénomène par la transcription d'archiphonèmes.

– Archiphonème /E/ ➡ [e] fermé,
                 ➡ [ɛ] ouvert.

– Archiphonème /Œ/ ➡ [ø] fermé,
                 ➡ [œ] ouvert,
                 ➡ [ə] central.

– Archiphonème /O/ ➡ [o] fermé,
                 ➡ [ɔ] ouvert.

– Archiphonème /Ẽ/ ➡ [ɛ̃] non arrondi,
                 ➡ [œ̃] arrondi.

III - La troisième partie comporte deux chapitres. L'un est consacré au problème de la chute ou du maintien du « e », l'autre à la liaison et à l'enchaînement.

La chute ou le maintien du « e » est un problème suffisamment caractéristique du français pour qu'on lui consacre un chapitre. Il nous semble en effet essentiel :

– d'habituer l'étudiant, tout au long de son apprentissage, à percevoir les variations phonétiques importantes qui découlent de la chute du « e » et à retrouver les mots derrière les groupes consonantiques complexes ;

– de l'entraîner à la non réalisation du « e » muet conformément aux lois du français standard.

Les exercices que nous proposons sont de difficulté progressive : chute d'un seul « e » puis de plusieurs « e ». Ils pourront être utilisés, selon le niveau et l'objectif, comme corpus de sensibilisation, d'entraînement ou de transcription.

Les phénomènes d'enchaînement et de liaison, liés aux problèmes de découpage syllabique sont eux aussi assez caractéristiques du français pour qu'on s'y attarde. La liaison, en particulier, pose le difficile problème de sa réalisation ou non réalisation. Nous essayons de donner dans ce chapitre quelques éléments de réponse qui permettront à l'étudiant de connaître quelles sont les liaisons obligatoires et les liaisons interdites.

IV - La quatrième partie est consacrée au système consonantique.

Le découpage interne reflète les erreurs les plus communément commises ; les principales erreurs sont dues :

- à la confusion sourdes / sonores :
    - occlusives [p] / [b], [t] / [d], [k] / [g],
    - constrictives [f] / [v], [s] / [z], [ʃ] / [ʒ] ;
- à des erreurs sur le point d'articulation :
    - confusion entre [ʃ] / [s] et [ʒ] / [z],
    - confusion dentale / palatale [n] [ɲ],
    - articulation postérieure du [ʀ] et articulation dentale du [l] ;
- à des erreurs sur le mode et le point d'articulation :
    - confusion entre fricative labiodentale et occlusive bilabiale [v] / [b].

Découpage des chapitres

La plupart des chapitres sont organisés autour des rubriques suivantes :

■ IDENTITÉ

Description phonétique des sons traités : schémas et caractéristiques articulatoires et acoustiques. Les coupes sagitales sont tirées de F. Wioland, *Prononcer les mots du français* (Hachette, 1991) et de A. Bothorel, P. Simon, F. Wioland, J.-P. Zerling, *Cinéradiographie des voyelles et consonnes du français* (Travaux de l'Institut de Phonétique de Strasbourg, 1986).

■ COULEURS SONORES

Introduction sonore par de courtes situations bruitées.

■ SENSIBILISATION ET DISCRIMINATION

Indispensable phase d'écoute, préalable à la production, qui habituera les apprenants à se concentrer sur la perception et la discrimination des sons ainsi que sur les relations phonographiques .

■ MOTS-OUTILS, MOTS UTILES

Inventaire de mots grammaticaux fréquents comportant les sons traités. Cette rubrique attire l'attention de l'étudiant sur la nécessité de maîtriser phonétiquement ces mots qui reviendront souvent dans le discours.

■ INTONATION ET ARTICULATION

Série d'exercices où le schéma mélodique des phrases proposées, leurs rythmes, leurs intentions, favorisent ou motivent la correction articulatoire. Ainsi, pour faciliter l'appropriation d'un son, on le travaillera d'abord dans un contexte qui rend plus facile son audition ou sa reproduction selon les principes de la verbo-tonale (M. Callamand, *Méthodologie de l'enseignement de la prononciation*, Éd. Clé International, 1981 et J. Renard, *Initiation phonétique à l'usage des professeurs de langues*, Éd. Didier, 1975).

Par exemple :

- les sons réalisés trop graves (exemple : [y] réalisé [u]) seront proposés en intonation montante (phrase interrogative ou exclamative) ;

– les sons réalisés trop aigus en intonation descendante (exemple : [y] réalisé [i]) seront travaillés en intonation descendante (phrase déclarative) ;

– le [ʀ] sera d'abord étudié en position finale sur la fin d'une expiration, en détente, sur un soupir lorsque le [r] est roulé à l'avant ;

– le [p] sera placé en position finale exclamative énergique pour faire entendre l'explosion lorsque celle-ci n'est pas réalisée (« Allez ! tape ! tape ! »...).

Bien que l'intonation expressive ne soit pas l'objet de notre ouvrage, nous voudrions souligner son importance en correction phonétique ainsi que celle de la participation gestuelle. On ne saurait trop insister sur l'intérêt que peuvent avoir dans ce domaine de l'apprentissage les techniques inspirées par le travail des comédiens (travail sur la respiration, les rythmes, les variations de volume, de voix...)

Les exercices figurant sous la rubrique « intonation, articulation » pourront être proposés **à tous les étudiants quelles que soient leurs erreurs de prononciation** puisqu'ils dépassent le cadre de la seule articulation.

◼ ENTRAÎNEMENT ARTICULATOIRE

Série d'exercices* portant essentiellement sur la forme sonore des mots, mettant en évidence les caractéristiques vocaliques et consonantiques du français. On trouvera dans cette rubrique,

• pour les voyelles et les consonnes :

   – des exercices spécifiques à l'erreur traitée,

   – des exercices faisant varier les positions du son traité (initiale, intervocalique, finale),

   – des exercices mettant en évidence les oppositions de sens (paires minimales),

   – des exercices visant l'appropriation d'un affixe productif (suffixation, préfixation),

   – des exercices intitulés « suites » où les sons opposés se jouxtent ;

• pour les consonnes :

   – des exercices sur les géminées (sons consonantiques identiques qui se suivent), sur la liaison et l'enchaînement consonantique qui pourront être proposés **à tous les apprenants même s'ils ne font pas d'erreur d'articulation sur la consonne traitée**.

(*) Lorsque des exercices ne sont pas enregistrés, ils sont signalés par ▲ .

◼ JEUX POÉTIQUES, JEUX PHONÉTIQUES

Divertissements poético-phonétiques qui donnent à entendre et/ou à dire des textes où prédomine la fonction poétique du langage, celle qui s'attache à la forme des mots, à leur substance sonore. On y trouvera virelangues, poèmes, chansons ou textes en prose. On ne s'étonnera pas d'y rencontrer les noms d'écrivains comme Desnos, Queneau, Prévert... qui ont exploré les contraintes formelles du langage. Nous avons complété notre corpus par des virelangues ou textes de notre cru. Nous incitons d'ailleurs les enseignants à inviter les apprenants à la création de tels textes. Ce faisant les étudiants travaillent en effet simultanément et naturellement les codes phonétique, orthographique et phonographique.

◼ CODE PHONOGRAPHIQUE

Tableau récapitulant les différentes graphies d'un phonème.

SOMMAIRE

1re PARTIE

CADRE RYTHMIQUE ET MÉLODIQUE

RYTHME, INTONATION ET ACCENTUATION

■ SENSIBILISATION ET DISCRIMINATION

Groupe rythmique et syllabation

1. *Écoutez les mots et séquences suivantes et classez-les selon le nombre de syllabes qu'ils contiennent.*

Bonjour. – C'est vraiment joli. – Tout va bien. – J'ai réfléchi. – S'il vous plaît. – Merci. – Il ne dort pas bien. – C'est très simple. – Ils sont malheureux. – Pourquoi pas moi ? – Désolé. – Je suis déçue. – C'était nécessaire. – C'est moi. – Réfléchissons. – J'aime le café fort. – Attention. – Le film commence. – Entrez. – On t'accompagnera. – Ça marche. – Volontiers. – Excusez-moi. – Ça va.

2 syllabes	3 syllabes
Bonjour.	*Tout va bien.*
....	....
....	....
....	....
....	....
....	....

4 syllabes	5 syllabes
J'ai réfléchi.	*C'est vraiment joli.*
....	....
....	....
....	....
....	....
....	....

2. *Écoutez les deux manières de prononcer les phrases suivantes selon que le « e » chute ou non. Barrez le « e » non prononcé. Notez le nombre de syllabes.*

Exemple : À d*ɇ*main ☐2 À demain ☐3

À vous :

– Je te téléphone. ☐ – Je te téléphone. ☐

– Je crois que oui. ☐ – Je crois que oui. ☐

– Qu'est-ce qui se passe ? ☐ – Qu'est-ce qui se passe ? ☐

– Je me souviens bien de lui. ☐ – Je me souviens bien de lui. ☐

– Ce n'est pas cher. ☐ – Ce n'est pas cher. ☐

– Je t'en prie. ☐ – Je t'en prie. ☐

– Je sais ce que je dis. ☐ – Je sais ce que je dis. ☐

– Tu le feras quand ? ☐ – Tu le feras quand ? ☐

– Vous le savez bien. ☐ – Vous le savez bien. ☐

3. **Découpage syllabique – Liaison-Enchaînement.**

Répétez en syllabant lentement chaque groupe rythmique. Notez les liaisons et enchaînements par le signe ‿ .

Exemple : – On‿est là, on‿attend.

À vous : 1. C'est urgent, allons-y.

2. Quelle heure est-il ? Tu dors encore ?

3. L'homme est assis, la femme aussi.

4. Elle est peut-être ici, elle est peut-être ailleurs.

5. Il est arrivé avec une amie pour un jour ou deux.

6. On part en avance.

Schéma mélodique

4. *Écoutez les schémas mélodiques et les phrases intonées selon ces schémas.*

1 syllabe

ma ? ma. Oui ? Oui.

2 syllabes

ma-ma ? ma-ma. Ça va ? Ça va.

3 syllabes

ma-ma-ma ?   On y va ?

ma-ma-ma.   On y va.

4 syllabes

ma-ma-ma-ma ?   Ça va marcher ?

ma-ma-ma-ma.   Ça va marcher.

5 syllabes

ma-ma-ma-ma-ma ?   Rendez-vous samedi ?

ma-ma-ma-ma-ma.   Rendez-vous samedi.

---

5. *Écoutez et indiquez si vous avez entendu une phrase interrogative (intonation montante) ou déclarative (intonation descendante).*

| *Exemple :* | – *Il pleut ?* | ☒ | – *Il pleut.* | ☒ |
| | – *Il va bien ?* | ☒ | – *Il va bien.* | ☐ |

À vous :

– Ils sont partis en voiture ?	☐	– Ils sont partis en voiture.	☐
– Elle est fâchée ?	☐	– Elle est fâchée.	☐
– Il habite loin d'ici ?	☐	– Il habite loin d'ici.	☐
– Les enfants sont rentrés ?	☐	– Les enfants sont rentrés.	☐
– On s'en va ?	☐	– On s'en va.	☐
– Il n'est pas là ?	☐	– Il n'est pas là.	☐
– Ce n'est pas interdit ?	☐	– Ce n'est pas interdit.	☐

Accentuation

---

6. *Soulignez la syllabe accentuée.*

A. *Exemple :*   le Viet<u>nam</u> – l'Amé<u>rique</u>

À vous :

le Chili	le Guatemala
le Togo	le Nicaragua
le Japon	la Nouvelle-Zélande

le Canada	le Venezuela
la Tunisie	les pays scandinaves
Madagascar	l'Arabie saoudite

B. *Exemple :*   ta<u>xi</u> → taxi<u>phone</u>

À vous :   café → caféine

football	→	footballeur
police	→	policier
théâtre	→	théâtral
industrie	→	industriel
téléphone	→	téléphonique
politique	→	politiquement

C. *Exemple :*

Je comprends. → *Je comprends bien*. → *Je comprends bien le problème.*

À vous :

– Je file.	→	– Je file vite.	→	– Je file vite chez lui.
– Il dort.	→	– Il dort bien.	→	– Il dort bien la nuit.
– Ça va.	→	– Ça va bien.	→	– Ça va bien mieux.
– un café	→	– un café au lait	→	– Un café au lait sucré.
– Venez.	→	– Venez voir.	→	– Venez voir mon tableau.

■ ENTRAÎNEMENT

Dans tous les exercices qui suivent, veillez à faire respecter le rythme, l'intonation et l'accentuation. Les schémas mélodiques travaillés dans ces exercices sont ceux de l'intonation neutre. Les variations expressives de l'intonation ne sont en effet pas un objet d'étude dans ce chapitre. Toutefois des variations individuelles peuvent intervenir qui coloreront telle ou telle phrase sans masquer les schémas intonatifs de base.

Groupe rythmique et syllabation

7. Rythme binaire (2 syllabes).

A. Un seul groupe rythmique

Prononcez les mots suivants en marquant le rythme comme dans l'enregistrement. Marquez bien l'accent de la dernière syllabe.

Bonjour.	Vraiment.	Encore.	Jamais.
D'accord.	Bravo.	Sans doute.	Parfait.
Peut-être.	Pardon.	Merci.	À demain.

B. Plusieurs groupes rythmiques

Répétez les phrases suivantes en marquant une légère pause entre les groupes rythmiques.

– J'ai peur / du noir.
– Il court / toujours.
– Je passe / demain / chez toi.
– Il pleut / beaucoup / en mars.
– On part / sûrement / demain / à l'aube.
– Je rentre / ce soir / tout seul / en car.

8. Rythme ternaire (3 syllabes).

A. Un seul groupe rythmique

Respectez le rythme comme dans l'enregistrement. Marquez bien l'accent de la dernière syllabe.

- Merci bien.
- À tout de suite.
- À plus tard.
- On s'en va.
- On a le temps.

- C'est parfait.
- À bientôt.
- Je vous en prie.
- Je comprends.
- Je ne sais pas.

B. Plusieurs groupes rythmiques

Allongez régressivement les phrases en gardant bien le rythme binaire.

Écoutez :   dans le tiroir
               tes papiers / dans le tiroir
               J'ai rangé / tes papiers / dans le tiroir.

À vous :   – Je l'ai mis / dans la poche / de ma veste.
              – Le théâtre / est ouvert / à 8 heures.
              – Le beau temps / est revenu / depuis hier.
              – J'ai trouvé / ce stylo / dans la rue.
              – Il faudra / remercier / nos amis.
              – Je me réveille / tous les jours / à 6 heures.

9. Rythme quaternaire (4 syllabes).

A. Un seul groupe rythmique

Prononcez ces séquences en respectant le rythme et l'accent.

- Bien entendu.
- Bon appétit.
- Au revoir madame.
- Tout est fermé.
- Vous êtes gentil.

- Assurément.
- De temps en temps.
- Ce n'est pas normal.
- Encore une fois.
- J'ai tout compris.

B. Plusieurs groupes rythmiques

Prononcez ces phrases en marquant de courtes pauses entre les groupes rythmiques.

- J'ai oublié / de la prévenir.
- Je vous remercie / de votre lettre.
- Je vais chercher / un petit café.
- Je vous en prie / prenez votre temps.
- L'été prochain / au mois de juillet / je pars en Chine / pour mes vacances.
- J'ai essayé / il y a deux jours / de vous appeler / chez vos parents.
- Hier à midi / j'ai déjeuné / dans un café / très agréable.

10. Rythme quinaire (5 syllabes).

A. Un seul groupe rythmique
Faites bien tomber la voix sur la dernière syllabe, pas avant.

– C'est une bonne idée.
– Faites un bon voyage.
– C'est toujours comme ça.
– J'arriverai à l'heure.
– Je ne sais plus quoi dire.
– On verra demain.

– J'ai très bien compris.
– Je ne le connais pas.
– On n'est pas pressé.
– Vous êtes bien aimable.
– Ça m'est bien égal.
– Je vais réfléchir.

B. Deux groupes rythmiques
Prononcez successivement chaque phrase en faisant alterner les segments. Conservez le même rythme et la même intonation.

Exemple : – *On n'est pas pressé, / on verra demain.*

On verra demain, / on n'est pas pressé.

À vous : – Cet après-midi, / j'arriverai à l'heure.
– C'est toujours comme ça, / à la fin de la semaine.
– Depuis plusieurs jours, / il fait très très froid.
– Je ne la connais pas, / je ne sais pas qui c'est.
– Je ne sais pas quoi faire, / dans cette situation.

11. Groupes rythmiques à 1 / 2 / 3 syllabes.

Marquez nettement les pauses entre les groupes rythmiques.

– Oui // c'est lui // c'est bien lui.
– Bien / / très bien // très très bien.
– Oui // bien sûr // certainement.
– Non // vraiment // je ne peux pas.
– Bon // d'accord // je veux bien.
– Oui // je sais // on me l'a dit.
– Tiens // prends ça // c'est à toi.
– Oh // pardon // désolé.
– Non // pas ça // plutôt ça.
– Chut // Silence // Taisez-vous !

12. Groupes rythmiques à 2 / 3 / 4 syllabes.

Marquez nettement les pauses entre les groupes rythmiques.

– Bravo // c'est très bien // on a gagné.
– Mais oui // tu as raison // c'est évident.
– Bien sûr // c'est possible // si vous voulez.
– D'accord // je veux bien // c'est près de chez moi.
– Demain // pas maintenant // il est trop tard.
– C'est vrai // je ne peux pas // je suis navrée.

13. Groupes rythmiques à 3 / 4 / 5 syllabes.

Marquez nettement les pauses signalées par //.

– Tu as raison. // C'est difficile. // C'est trop difficile.
– C'est gentil. // Ça me fait plaisir. // Ça me fait très plaisir.
– On t'attend. // Dépêche-toi donc. // Le bus va partir.
– Si tu veux. // Tu peux m'appeler // à n'importe quelle heure.
– On a le temps. // Largement le temps. // On n'est pas pressé.

Schéma mélodique

14. Schémas mélodiques de base : interrogation / déclaration.

Répétez ces mini-dialogues.

– Non ?	– Lui ?	– Là ?
– Non.	– Lui.	– Là.
– Ça marche ?	– C'est l'heure ?	– D'accord ?
– Ça marche.	– C'est l'heure.	– D'accord.
– C'est compris ?	– Tout est prêt ?	– C'est bien là ?
– C'est compris.	– Tout est prêt.	– C'est bien là.
– C'est décidé ?	– On aura le temps ?	– C'est un bon film ?
– C'est décidé.	– On aura le temps.	– C'est un bon film.

– Rendez-vous samedi ?	– Ça fait des histoires ?
– Rendez-vous samedi.	– Ça fait des histoires.
– On se retrouve là-bas ?	– On se repose un peu ?
– On se retrouve là-bas.	– On se repose un peu.

15. Schéma mélodique des phrases interrogatives.

Faites la différence entre les schémas mélodiques des phrases interrogatives sans particule interrogative et des phrases interrogatives neutres comportant un mot interrogatif.

A. – *Tu t'en vas ? Tu t'en vas où ?*

– Tu sors ? Tu sors avec qui ?
– Ils reviennent ? Ils reviennent d'où ?
– Tu écris ? Tu écris à qui ?
– On mange ? On mange quoi ?
– Tu as vingt ans ? Tu as vingt ans depuis quand ?
– Il écrit un roman ? Il écrit un roman de quel genre ?
– Vous vous êtes couchés tard ? Vous vous êtes couchés à quelle heure ?

14

B. – Tu ne me l'as pas dit ? Pourquoi tu ne me l'as pas dit ?

– Tu l'as su ? Comment tu l'as su ?

– Le temps va changer ? Quand est-ce que le temps va changer ?

– Tu recommences à travailler ? Quel jour tu recommences à travailler ?

– Vous passerez nous prendre ? À quelle heure vous passerez nous prendre ?

– Vous vous êtes retrouvés ? Comment vous vous êtes retrouvés ?

---

16. *Écoutez. Notez les groupes rythmiques par des /, les pauses plus longues par des //, les liaisons-enchaînements par des ⌣, et barrez les « e » non prononcés. Puis lisez le texte en même temps que le locuteur.*

Dis-moi, comment tout a commencé ?

Je ne sais pas, je ne sais plus, il y a si longtemps, je n'ai plus souvenir du temps maintenant, c'est la vie que je mène. Je suis né au Portugal, à Ericeira, c'était en ce temps-là un petit village de pêcheurs pas loin de Lisbonne, tout blanc au-dessus de la mer. Ensuite mon père a dû partir pour des raisons politiques, et avec ma mère et ma tante on s'est installés en France, et je n'ai jamais revu mon grand-père. C'était juste après la guerre, je crois qu'il est mort à cette époque-là. Mais je me souviens bien de lui, c'était un pêcheur, il me racontait des histoires, mais maintenant je ne parle presque plus le portugais. Après cela, j'ai travaillé comme apprenti maçon avec mon père, et puis il est mort, et ma mère a dû travailler aussi, et moi je suis entré dans une entreprise, une affaire de rénovation de vieilles maisons, ça marchait bien. En ce temps-là, j'étais comme tout le monde, j'avais un travail, j'étais marié, j'avais des amis, je ne pensais pas au lendemain, je ne pensais pas à la maladie, ni aux accidents, je travaillais beaucoup et l'argent était rare, mais je ne savais pas que j'avais de la chance. Après ça je me suis spécialisé dans l'électricité, c'est moi qui refaisais les circuits électriques, j'installais les appareils ménagers, l'éclairage, je faisais les branchements. Ça me plaisait bien, c'était un bon travail.

J.M.G. Le Clézio, « Ô voleur, voleur, quelle vie est la tienne ? », in *La Ronde et autres faits divers*, Éd. Gallimard.

■ JEUX POÉTIQUES, JEUX PHONÉTIQUES

Ga
Gama
Gamana
Gamanapo
Gamanapoli
Gamanapolitu
Gamanapolituro
Gamanapolituropi
Gamanapolituropitrou
Gamanapolituropitroumo
Gamanapolituropitroumo-sur-Seine

André FRÉDÉRIQUE, « Mon village », in *Poésie sournoise*, Éd. Plasma (D.R.).

* * *

Plutôt que de dire d'un homme qu'il est cultivé, je voudrais qu'on dise : c'est un homme. Et je suis tenté de demander :

Combien de femmes a-t-il aimées ? Préfère-t-il les femmes rousses ou les femmes brunes ? Que mange-t-il au repas de midi ? Quelles maladies a-t-il eues ? Est-il sujet aux grippes, à l'asthme, aux furoncles, à la constipation ? Quelle est la couleur de ses cheveux ? De sa peau ? Comment marche-t-il ? Se baigne-t-il ou prend-il des douches ? Quels journaux lit-il ? Dort-il facilement ? Est-ce qu'il rêve ? Est-ce qu'il aime les yaourts ? Qui est sa mère ? Dans quelle maison, quel quartier, quelle chambre vit-il ? Aime-t-il avoir un traversin, un oreiller, les deux, ni l'un ni l'autre ? Est-ce qu'il fume ? Comment parle-t-il ? Quelles sont ses manies ? Si on l'insulte, comment réagit-il ? Est-ce qu'il aime le soleil ? La mer ? Est-ce qu'il parle seul ? Quels sont ses vices, ses désirs, ses opinions politiques ? Aime-t-il voyager ? Si un vendeur de camelote sonne à l'improviste chez lui, que fait-il ? Au café, au restaurant, que commande-t-il ? Est-ce qu'il aime le cinéma ? Comment s'habille-t-il ? Quels noms a-t-il donné à ses enfants ? Quelle est sa taille ? Son poids ? Sa tension ? Son groupe sanguin ? Comment se coiffe-t-il ? Combien de temps met-il à se laver le matin ? Est-ce qu'il aime se regarder dans une glace ? Comment écrit-il les lettres ? Qui sont ses voisins, ses amis ? Tout cela est bien plus important que la prétendue « culture » ; les objets quotidiens, les gestes, les visages des autres influent plus sur nous que les lectures ou les musées.

J.M.G. LE CLÉZIO, *L'Extase matérielle*, Éd. Gallimard.

Encore l'art po

C'est mon po — c'est mon po — mon poème
Que je veux — que je veux — éditer
Ah je l'ai — ah je l'ai — ah je l'aime
Mon popo — mon popo — mon pommier

Oui mon po — oui mon po — mon poème
C'est à pro — à propos — d'un pommier
Car je l'ai — car je l'ai — car je l'aime
Mon popo — mon popo — mon pommier

Il donn' des — il donn' des — des poèmes
Mon popo — mon popo — mon pommier
C'est pour ça — c'est pour ça — que je l'aime
La popo — la popomme — au pommier

Je la sucre — et j'y mets — de la crème
Sur la po — la popomme — au pommier
Et ça vaut — ça vaut bien — le poème
Que je vais — que je vais — éditer

Raymond QUENEAU, in *Le Chien à la Mandoline*, Éd. Gallimard.

2e PARTIE

VOYELLES ET SEMI-VOYELLES

Leçon de phonétique

LE MAÎTRE DE PHILOSOPHIE

J'ai à vous dire que les lettres sont divisées en voyelles, parce qu'elles expriment les voix ; et en consonnes, ainsi appelées consonnes, parce qu'elles sonnent avec les voyelles, et ne font que marquer les diverses articulations des voix. Il y a cinq voyelles ou voix : A, E, I, O, U.

M. Jourdain

J'entends tout cela.

LE MAÎTRE DE PHILOSOPHIE

La voix A se forme en ouvrant fort la bouche : A.

M. Jourdain

A, A. Oui.

LE MAÎTRE DE PHILOSOPHIE

La voix E se forme en rapprochant la mâchoire d'en bas de celle d'en haut : A, E.

M. Jourdain

A, E, A, E. Ma foi, oui ! Ah ! que cela est beau !

LE MAÎTRE DE PHILOSOPHIE

Et la voix I, en rapprochant encore davantage les mâchoires l'une de l'autre, et écartant les deux coins de la bouche vers les oreilles : A, E, I.

M. Jourdain

A, E, I, I, I, I. Cela est vrai. Vive la science !

LE MAÎTRE DE PHILOSOPHIE

La voix O se forme en rouvrant les mâchoires, et rapprochant les lèvres par les deux coins : le haut et le bas : O.

M. Jourdain

O, O. Il n'y a rien de plus juste : A, E, I, O, I, O. Cela est admirable ! I, O, I, O.

LE MAÎTRE DE PHILOSOPHIE

L'ouverture de la bouche fait justement comme un petit rond qui représente un O.

M. Jourdain

O, O, O. Vous avez raison. O. Ah ! la belle chose que de savoir quelque chose !

LE MAÎTRE DE PHILOSOPHIE

La voix U se forme en rapprochant les dents sans les joindre entièrement, et allongeant les deux lèvres en dehors, les approchant aussi l'une de l'autre, sans les joindre tout à fait : U.

M. Jourdain

U, U. Il n'y a rien de plus véritable : U.

LE MAÎTRE DE PHILOSOPHIE

Vos deux lèvres s'allongent comme si vous faisiez la moue : d'où vient que si vous la voulez faire à quelqu'un, et vous moquer de lui, vous ne sauriez lui dire que U.

M. Jourdain

U, U. Cela est vrai. Ah ! que n'ai-je étudié plus tôt, pour savoir tout cela !

LE MAÎTRE DE PHILOSOPHIE

Demain, nous verrons les autres lettres, qui sont les consonnes.

Molière, *Le Bourgeois gentilhomme*, Acte II, scène IV.

Le système vocalique du français

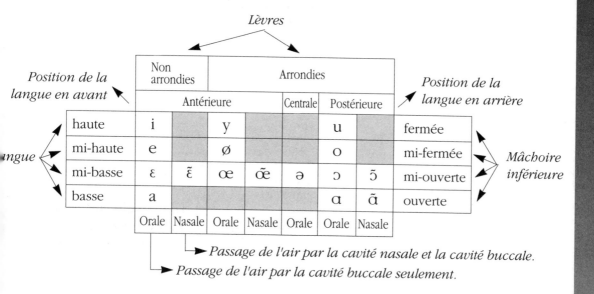

	Non arrondies		Arrondies				
	Antérieure			Centrale	Postérieure		
haute	i		y		u		fermée
mi-haute	e		ø		o		mi-fermée
mi-basse	ɛ	ɛ̃	œ	œ̃	ə	ɔ	ɔ̃	mi-ouverte
basse	a					ɑ	ɑ̃	ouverte
	Orale	Nasale	Orale	Nasale	Orale	Orale	Nasale	

Lèvres
Position de la langue en avant
Position de la langue en arrière
langue
Mâchoire inférieure

➤ *Passage de l'air par la cavité nasale et la cavité buccale.*
➤ *Passage de l'air par la cavité buccale seulement.*

En français standard, le système vocalique, qui comportait 16 voyelles, évolue vers un système à 13 voyelles.
Les trois voyelles en voie de disparition sont :

– [ɑ] au profit de [a] ;

– [œ̃] au profit de [ɛ̃] ;

– [ə] au profit de [ø] ou de [œ].

Les caractéristiques du système vocalique français sont :

– l'antériorité : 8/13 voyelles ;

– la nasalité : 3/13 ;

– l'arrondissement des lèvres : 8/13 ;

– la tenue des voyelles ; en effet, il n'y a pas de diphtongue en français. Les voyelles ont le même timbre qu'elles soient accentuées ou non, tout au long de leur émission.

La durée n'est plus un trait pertinent. Cependant, la position d'une voyelle en syllabe accentuée ou inaccentuée, ou son entourage consonantique, peut avoir une incidence sur la durée de cette voyelle :

• toutes les voyelles inaccentuées sont brèves en syllabe quelle que soit la syllabe ;

• toutes les voyelles accentuées sont brèves en syllabe ouverte (consonne/voyelle) ;

• en syllabe fermée (consonne + voyelle + consonne) :

– toutes les voyelles sont longues devant [ʀ], [v], [z], [ʒ] et [vʀ] *(père, rêve, aise, beige, lèvre)*,

– [ø], [o], [ɑ] postérieur et les voyelles nasales [ɛ̃], [ɑ̃], [ɔ̃] sont longues devant n'importe quelle consonne

CHAPITRE [i] - [y] - [u] 1

■ IDENTITÉ

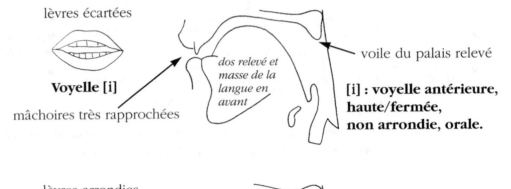

lèvres écartées

Voyelle [i]

mâchoires très rapprochées

dos relevé et masse de la langue en avant

voile du palais relevé

[i] : voyelle antérieure, haute/fermée, non arrondie, orale.

lèvres arrondies

Voyelle [y]

mâchoires très rapprochées

dos relevé et masse de la langue en avant

voile du palais relevé

[y] : voyelle antérieure, haute/fermée, arrondie, orale.

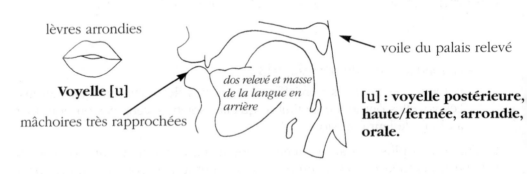

lèvres arrondies

Voyelle [u]

mâchoires très rapprochées

dos relevé et masse de la langue en arrière

voile du palais relevé

[u] : voyelle postérieure, haute/fermée, arrondie, orale.

■ COULEURS SONORES

[i] Sonnerie d'horloge douze coups, un soupir de soulagement : « Midi ! Fini ! »

[y] Sonnerie de téléphone. Quelqu'un décroche mais le correspondant a raccroché. Tonalité. Une voix : « Zut, zut, zut et zut ! »

[u] Appel dans la rue. Bruit de circulation : « Hou, Hou ! »

■ SENSIBILISATION ET DISCRIMINATION

1. **Voyage en [i] - [y] - [u].**

Écoutez. Tracez sur la carte l'itinéraire proposé.

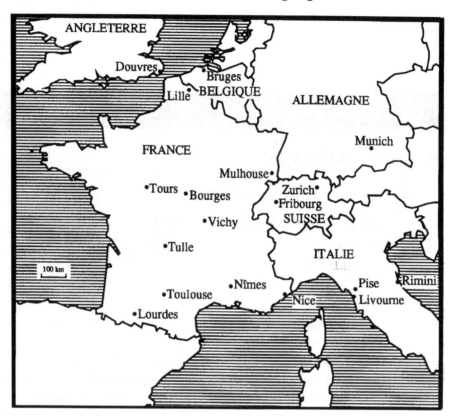

2. *Écoutez et entourez les mots que vous avez entendus.*

	Syllabe ouverte (consonne, voyelle)			Syllabe fermée (consonne, voyelle, consonne)		
	[i]	[y]	[u]	[i]	[y]	[u]
Exemple :	(y)	(eu*)	ou	(cire)	(sûr)	sourd
À vous :	si	su	sous	gite	jute	joute
	lit	lu*	loup	pire	pur	pour
	qui	cul	cou	bise	buse	bouse
	fi	fut	fou	mille	mule	moule
	vie	vue	vous	kir	cure	cour
	pi	pu*	pou	pile	pull	poule
	bis	bu*	bout	bile	bulle	boule
	mie	mue	mou			

(*) participes passés.

■ MOTS-OUTILS, MOTS UTILES

[i] il – y – qui – si – ni... ni... – ici

[u] nous – vous – pour – tout – tous – sous – toujours

[y] une – tu – du – sur – plus – jusqu'à – plusieurs – chacune – aucune

I. [i] - [y]

■ DISCRIMINATION

3. Présent / Passé composé.

Cochez la phrase entendue. Écoutez :

Présent		**Passé composé**	
Il a un rhume.	☒	*Il a eu un rhume.*	☒
J'ai une idée.	☐	*J'ai eu une idée.*	☒

À vous :

1. Tu as une voiture.	☐	Tu as eu une voiture.	☐
2. Il a une usine.	☐	Il a eu une usine.	☐
3. Elle a du succès.	☐	Elle a eu du succès.	☐
4. Le médecin a une urgence.	☐	Le médecin a eu une urgence.	☐
5. J'ai une illumination.	☐	J'ai eu une illumination.	☐
6. Tu as une initiative heureuse.	☐	Tu as eu une initiative heureuse.	☐

---

4. *Quelle voyelle avez-vous entendue* [i] *ou* [y] ? *Notez-la.*

Exemple :	*si*	*si*	*su*	*su*	*si*
À vous :	s...	s...	s...	s...	s...
	s...	s...	s...	s...	s...
	p...	p...	p...	p...	p...
	p...	p...	p...	p...	p...

■ INTONATION ET ARTICULATION

5. *Répétez.*

– Qui y va ?	– Qui vit ici ?	– Qui a écrit ça ?
– Qui y vit ?	– Qui dort ici ?	– Qui a pris ça ?
– Qui y reste ?	– Qui reste ici ?	– Qui a dit ça ?

6. Écoutez les dialogues, puis répétez la réponse.

1. « Il est timide ?
→ Il est timide et fragile. »

2. « Il est sinistre ?
→ Il est sinistre et rigide. »

3. « Il est riche ?
→ Il est riche et chic. »

4. « Il est dynamique ?
→ Il est dynamique et sympathique. »

5. « Il est mystique ?
→ Il est mystique et tragique. »

7. Écoutez les dialogues, puis à votre tour donnez la réplique en vous étonnant, comme dans l'enregistrement.

1. « Je ne l'ai pas su !
→ Tu ne l'as pas su, c'est sûr ? »

2. « Tu es reçu, tu es reçu !
→ Je suis reçu, c'est sûr ? »

3. « Je ne fume plus !
→ Tu ne fumes plus, c'est sûr ? »

4. « Il n'est pas venu !
→ Il n'est pas venu, tu es sûr ? »

5. « J'ai vu Jules !
→ Tu as vu Jules, tu es sûr ? »

8. Répétez.

– Tu l'as lu, le livre ?

– Tu l'as vu ce film ?

– Tu l'as eu, ce disque ?

– Tu l'as vendu, ton livre ?

– Tu l'as reçu, ton fric ?

– Tu l'as connue, sa fille ?

– Tu l'as entendu, ce pianiste ?

– Tu l'as parcourue, cette île ?

– Tu l'as obtenu, ton visa ?

– Tu l'as reconnu, mon fils ?

9. Écoutez les dialogues et reprenez les réponses avec les intonations proposées.

1. « Ça t'a plu ?
→ Oui, oui, ça m'a plu. »

2. « Tu ne l'as pas su !
→ Si, si, je l'ai su. »

3. « Tu l'as eu au téléphone ?
→ Oui, oui, je l'ai eu. »

4. « Il ne t'a pas vu ?
→ Si, si, il m'a vu. »

5. « Tu ne lui as pas répondu ?
→ Mais si, j'ai répondu. »

6. « Il l'a battu ?
→ Eh oui, il l'a battu ! »

10. Insistez en reprenant l'adjectif et en détachant les syllabes.

Exemple : *C'est archinul ce truc, ar-chi-nul !*

À vous : – C'est inutile de lire ça, ... !

– C'est ridicule de dire ça, ... !

– C'est inouï d'entendre ça, ... !

– C'est stupide de dire ça, ... !

11. *Reprenez les phrases avec les intonations proposées.*

– Une minute, s'il vous plaît, une minute !

– Super ta jupe et ton pull gris, super !

– Il vient ici, c'est sûr, sûr, sûr !

– Chut, chut, silence !

– Zut, zut et zut, c'est fichu !

– Vite, vite, vite, c'est urgent !

12. *Répétez.*

– Je suis déçue, déçue, très déçue !

– Je suis fichu, fichu, fichu !

– Je suis perdue, complètement perdue !

– Je fourbu, complètement fourbu !

– Je suis émue, très très émue !

– Je suis repu, vraiment repu !

■ ENTRAÎNEMENT ARTICULATOIRE

13. **Enchaînement consonantique.**

Faites passer le « n » dans la syllabe suivante.

Exemple : *une idée*   *aucune initiative*

À vous : une image   aucune utilité

une université   aucune usure

une utopie   aucune humilité

une île   aucune issue

une histoire   aucune humidité

14. **Paires minimales.**

Répétez en distinguant bien les mots.

– Gilles ou Jules.

– C'est dur à dire.

– J'irai, c'est juré.

– Émile fait des émules.

– Luce lisse sa chevelure.

– On dîne sur la dune.

– Il est riche grâce à ses ruches.

– Tous les six sucent leur pouce.

– Si Louis scie, Louis sue.

15. Suites.

Veillez à ce que les [i] *et les* [y], *accentués et inaccentués, gardent le même timbre.*

[i] - [i]	[i] - [y]	[y] - [i]	[y] - [y]
ici	issue	usine	usure
timide	tissu	utile	tutu
ministre	minute	musique	murmure
physique	figure	futile	futur
rigide	tribune	rubrique	rupture
civique	situe	sursis	suture
piscine	pilule	public	pullule

16. Suffixation.

Vérifiez avec l'enregistrement.

- **En « -u »**

Passez du substantif à l'adjectif.

Exemple : *ventre* → *ventru*   *moustache* → *moustachu*

À vous :   tête → ....   bosse → ....

barbe → ....   fesse → ....

poil → ....   feuille → ....

- **En « -ure »** (attention, allongement de [y] devant [ʀ]).

Passez d'un substantif à un autre.

Exemple : *lecteur* → *lecture*

À vous :   sculpteur → ....   relieur → ....

coiffeur → ....   graveur → ....

Passez du verbe au substantif.

Exemple : *brûler* → *brûlure*

À vous :   couper → ....   déchirer → ....

piquer → ....   blesser → ....

- **En « -itude »**

Passez de l'adjectif au substantif.

Exemple : *plat* → *platitude*

À vous :   apte → ....   las → ....

exact → ....   similaire → ....

long → ....   solitaire → ....

17. *Gardez le même timbre au* [i] *quels que soient son entourage et sa position.*

ski	timide	université	visibilité
film	physique	hystérie	ridiculiser
mille	chimiste	critiquable	dissymétrique
grill	pilote	ministère	illimité
kilt	whisky	inutile	idyllique
style	rythmique	inimitable	inimaginable

18. *Gardez le même timbre au* [i] *quelle que soit sa durée.*

– (rouge)	rougir	rougi	– (mettre)	mise	mis
– (gros)	grossir	grossi	– (prendre)	prise	pris
– (grand)	grandir	grandi	– (promettre)	promise	promis
– (jaune)	jaunir	jauni	– (soumettre)	soumise	soumis
– (mince)	mincir	minci	– (surprendre)	surprise	surpris
– (pâle)	pâlir	pâli	– (interdire)	interdite	interdit

■ JEUX POÉTIQUES, JEUX PHONÉTIQUES

Dis tortue
Dors-tu nue ?

*

Pourquoi t'es-tu tu stupide têtu ?

Comptines populaires

* * *

Un jour de canicule sur un véhicule où je circule,
gesticule un funambule au bulbe minuscule, à la
mandibule en virgule et au capitule ridicule. Un
somnambule l'accule et l'annule, l'autre articule :
« crapule », mais dissimule ses scrupules, recule,
capitule et va poser ailleurs son c…

Raymond QUENEAU, extrait de « Homéotéleutes », in *Exercices de style*, Éd. Gallimard.

* * *

Un ministre lugubre rumine sa solitude.
Un archiduc russe siffle une musique turque.
Un Suisse richissime manipule ses chiffres.
Un type ivre titube, abruti, ahuri.
Un m'as-tu vu reluque l'unique fille du bus.
La fille du bus s'offusque, mais le muffle s'en fiche.
Un timide imagine mille rimes sublimes
pour Élise sa muse qui s'amuse à Ivry.
1, 2, 3, 4, 5, 6, ils sont six et la fille,
dans le bus vers Issy, dans le bus vers Ivry.

M_L

II. [y] - [u]

■ DISCRIMINATION

19. Paires minimales.

Écoutez et notez dans la colonne prévue si dans les mots prononcés vous avez entendu [y] - [y] *ou* [u] - [u].

		[y] - [y]	[u] - [u]
Écoutez :	1.	*Lulu*	
	2.		*Loulou*
À vous :	3.		
	4.		
	5.		
	6.		
	7.		
	8.		

20. *Répétez et soulignez la phrase que vous avez entendue.*

Exemple :   <u>C'est tout vu.</u> / C'est tout vous.

À vous :   – C'est un début. / C'est un des bouts.
  – Étudies-tu ? / Étudies tout !
  – Dites-vous « tu » ? / Dites-vous tout ?
  – Voilà mon bureau. / Voilà mon bourreau.
  – Elle est russe. / Elle est rousse.
  – Il habite au-dessus. / Il habite au-dessous.
  – Son discours est touffu. / Son discours est tout fou.

■ INTONATION ET ARTICULATION

21. *Reprenez chaque phrase dans un registre soutenu.*

Registre familier	**Registre soutenu**
– *Tu dors où, ce soir ?*	*Où dors-tu, ce soir ?*
– Tu vas où, cet été ?	....
– Tu pars où, ce week-end ?	....
– Tu vis où, en Italie ?	....
– Tu habites où, à Grenoble ?	....
– Tu couches où, cette nuit ?	....

22. *Répétez en respectant l'intonation proposée.*

– C'est où, Syracuse ?

– C'est vous, Bacchus ?

– Il vit où, ce Russe ?

– Il tourne où, ce bus ?

– Ils vivent où, les Kurdes ?

– Ça pousse où, les crocus ?

– Ça se trouve où, Bruges ?

– Je le mets où, ce truc ?

23. *Répétez.*

– C'est de plus en plus dur !

– C'est de plus en plus sûr !

– C'est de plus en plus nul !

– C'est de plus en plus flou !

– C'est de plus en plus court !

– C'est de plus en plus fou !

24. *Recommandez, insistez.*

– Ne bouge plus, surtout, ne bouge plus !

– Ne touche pas, surtout ne touche pas !

– Vérifie tout, surtout vérifie tout !

– N'oublie pas, surtout n'oublie pas !

– Ne boude pas, je t'en prie, ne boude pas !

– Ne hurle pas, s'il te plaît, ne hurle pas !

– Ne vous disputez pas, par pitié, ne vous disputez pas !

– Ne poussez pas, s'il vous plaît, ne poussez pas !

25. *Manifestez votre scepticisme.*

Exemple : *J'ai tout vendu… tout.* ➤ *Tu as tout vendu… tout ?*

À vous :

– J'ai tout entendu… tout. ➤ ……

– J'ai tout vu… tout. ➤ ……

– J'ai tout bu… tout. ➤ ……

– J'ai tout lu… tout. ➤ ……

– J'ai tout cru… tout. ➤ ……

26. *Reprenez les phrases suivantes avec les intonations et les pauses proposées.*

– Vraiment ça m'a plu, ça m'a vraiment plu, beaucoup, beaucoup… ça m'a beaucoup plu.

– Ça m'a plu ? Bof, non, ça ne m'a pas beaucoup plu… non, pas beaucoup… non vraiment, ça m'a plu… sans plus.

– Ah non ! Ça ne m'a pas plu du tout, alors pas du tout, du tout, du tout, ça ne m'a pas du tout plu.

ENTRAÎNEMENT ARTICULATOIRE

27. Paires minimales.

Répétez. Opposez bien ces phrases qui se distinguent par un seul son.

– Il est au-dessus de tout. / Il est au-dessous de tout.

– Elle s'est tue. / Elle sait tout.

– Elle est pure. / Elle est pour.

– Tu es sûr. / Tu es sourd.

– Il est touffu. / Il est tout fou.

– Dis-lui tu. / Dis-lui tout.

– Il est à nu. / Il est à nous.

– Vous rugissez. / Vous rougissez.

– Tu dors. / Tout dort.

– Prends cette rue. / Prends cette roue.

– Il s'est tu. / Il sait tout.

28. Suites.

Veillez à ce que les [y] et les [u], accentués ou inaccentués, gardent le même timbre.

[y] - [y]	[u] - [u]	[y] - [u]	[u] - [y]
usure	zoulou	surtout	cousu
Ursule	gourou	burnous	bourru
futur	fourre-tout	Mulhouse	foutu
culbute	courroux	humour	coupure
lugubre	sous-loue	tu loues	soudure
culture	chouchou	tu joues	couru
tu ruses	tout doux	tu doutes	tout dur

29. Enchaînement ou non-enchaînement *.

une ouverture   une # housse

une ouvrière   une houe
une ouvreuse   une houpette
une ourse   une houle
une outre   une houlette
une huitre   une hutte
un hurluberlu   un hurlement

* « h » aspiré, cf. chapitre 8, liaisons et enchaînements, page 102.

■ JEUX POÉTIQUES, JEUX PHONÉTIQUES

Limerick de l'enfant qui était fort comme un Turc

Il était une fois tout près de Bar-le-Duc
un enfant nommé Luc qu'était plus fort qu'un Turc.
Il était assez fort pour porter un viaduc.
Il était assez fort pour voler un aqueduc.

« Je suis plus fort qu'un Turc », disait l'orgueilleux Luc.
« Je suis fort comme deux Turcs », affirmait l'enfant Luc.

« Je suis fort comme trois Turcs ! » « C'est vrai », lui dit le duc,
qui connaît tous les trucs des gens de Bar-le-Duc.

Claude ROY, *Enfantasques*, Éd. Gallimard.

* * *

[…]
Mais je serai doux
Comme un bisou voyou dans le cou
Attentionné tiède à vos genoux
Des caresses et des mots à vos goûts
Dans la flemme absolue n'importe où
Mais doux.
Oui, je serai doux
Comme un matou velours, un cachou
À l'abri lové dans notre igloo
Couché debout sens dessus-dessous
Grand manitou de tous vos tabous
Si doux.

Jean-Jacques GOLDMAN, *Si doux,* Éd. JRG/NEF.

Sens dessus dessous

Actuellement,
mon immeuble est sens dessus dessous.
Tous les locataires du dessous
voudraient habiter au-dessus !
Tout cela parce que le locataire
qui est au-dessus
est allé raconter par en dessous
que l'air que l'on respirait à l'étage au-dessus
était meilleur que celui que l'on respirait

à l'étage en dessous !
Alors, le locataire qui est en dessous
a tendance à envier celui qui est au-dessus
et à mépriser celui qui est en dessous.
Moi, je suis au-dessus de ça !
Si je méprise celui qui est en dessous,
ce n'est pas parce qu'il est en dessous,
c'est parce qu'il convoite l'appartement
qui est au-dessus, le mien !
Remarquez… moi, je lui céderais bien
mon appartement à celui du dessous
à condition d'obtenir celui du dessus !
Mais je ne compte pas trop dessus.
D'abord, parce que je n'ai pas de sous !
Ensuite, au-dessus de celui qui est au-dessus,
il n'y a plus d'appartement !
Alors, le locataire du dessous
qui monterait au-dessus
obligerait celui du dessus
à redescendre en dessous.
Or, je sais que celui du dessus n'y tient pas !
D'autant que, comme la femme du dessous
est tombée amoureuse de celui du dessus,
celui du dessus n'a aucun intérêt à ce que
le mari de la femme du dessous
monte au-dessus !
Alors, là-dessus…
quelqu'un est-il allé raconter à celui du dessous
qu'il avait vu sa femme bras dessus,
bras dessous avec celui du dessus ?
Toujours est-il que celui du dessous l'a su !
Et un jour que la femme du dessous
était allée rejoindre celui du dessus,
comme elle retirait ses dessous…
et lui, ses dessus…
soi-disant parce qu'il avait trop chaud en dessous…
Je l'ai su… parce que d'en dessous,
on entend tout ce qui se passe au-dessus…
Bref ! Celui du dessous leur est tombé dessus !
Comme ils étaient tous les deux soûls,
ils se sont tapés dessus !
Finalement, c'est celui du dessous
qui a eu le dessus !

Raymond DEVOS, *Sens dessus dessous*, Éd. Stock.

III. Reprise : [i] - [y] - [u]

30. *Lisez le menu.*

Crudités à l'huile d'olive
Soupe aux choux

Moules frites
Cuisses de grenouilles
Truite au court bouillon
Poule au chou rouge

Légume du jour
Courge au four

Desserts
Coupe de fruits rouges
Prunes cuites au sucre roux

31. *Lisez les noms de famille.*

Lucie Dufour	Hugues Bouzu	Louis Duroule
Jules Jouve	Sylvie Dupuis	Philippe Dubrul
Luce Giroud	Raoul Turc	Jean-Luc Duc
Gilles Dutourd	Julie Nicoud	

■ CODE PHONOGRAPHIQUE

[i]	
i	**y**
ici	y
fille	style
dix	rythme
ami	cygne
lit	hyper
vivre	jury
dire	sexy
partir	pays
finir	abbaye
ï	
maïs	
laïc	
stoïque	
héroïque	
î	
île	
épître	
dîner	

[y]
u
une
sur
dur
rue
unique
musique
humide
union
revue
uë
ambiguë
exiguë
aiguë
û
sûr
dû
crû

+ *formes du verbe avoir :* j'ai eu – j'eus – il eut – nous eûmes…

[u]
ou
sous
doux
chou
courir
route
boutique
tourner
grenouille
patrouille
oû
coût/coûter
goût/goûter
août
où
1 seul mot : où

+ *emprunts à l'anglais :* foot – shooter – room – groom – clown – putsch – blues – pudding.

CHAPITRE [j] 2

■ IDENTITÉ

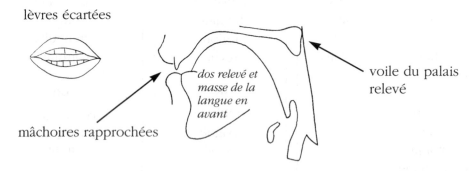

lèvres écartées

dos relevé et masse de la langue en avant

voile du palais relevé

mâchoires rapprochées

[j] : semi-voyelle, antérieure, haute/fermée, non arrondie, orale

■ COULEURS SONORES

> **[j]** Bruit de choc : Aïe !

■ DISCRIMINATION

1. *Écoutez puis cochez le mot ou groupe de mots que vous avez entendu.*

Série 1 : [i] - [ij]

Exemple :	*outil*	☒	*outille*	☒
	fourmi	☐	*fourmille*	☒
À vous :	fusil	☐	fusille	☐
	habit	☐	habille	☐
	gentil	☐	gentille	☐
	il mordit	☐	il mordille	☐
	il fendit	☐	il fendille	☐
	nous avons	☐	nous avions	☐
	vous mangez	☐	vous mangiez	☐
	vous criez	☐	vous criiez	☐
	Il n'a qu'à aller.	☐	Il n'a qu'à y aller.	☐

Série 2 : Confusion [j] - [ʒ]

Exemple :	*paille*	☒	*page*	☒
	ail	☒	*âge*	☐
À vous :	fille	☐	fige	☐
	pille	☐	pige	☐
	rouille	☐	rouge	☐
	bouillie	☐	bougie	☐
	assailli	☐	assagi	☐
	tiraille	☐	tirage	☐

■ MOTS-OUTILS, MOTS UTILES

> **[j]** rien – bien – le mien – le tien – le sien – hier – mieux – ailleurs – d'ailleurs – plusieurs – meilleur

■ INTONATION ET ARTICULATION

2. **[j] à l'initiale.**

Reprenez chacune des phrases dans un registre plus familier.

Exemple : – *Il n'y a rien a faire.* → *Y a rien à faire.*

À vous : – Il n'y a rien à dire. → ....

– Il n'y a pas de quoi. → ....

– Il y a quelqu'un. → ....

– Il n'y a personne. → ....

– Il y a du monde. → ....

– Il n'y a qu'à y aller. → ....

---

3. *Reprenez chacune des phrases dans un registre plus soutenu.*

Exemple : – *Il y a une objection.* → *Y a-t-il une objection ?*

À vous : – Il y a une question. → ....

– Il y a une solution. → ....

– Il y aura une réunion. → ....

– Il y aura un compromis. → ....

– Il y aura une négociation. → ....

– Il y a eu des blessés. → ....

– Il y a eu un incident. → ....

– Il y a eu un accord. → ....

4. Rajoutez progressivement les mots ou suffixes proposés en respectant le rythme et l'intonation.

- Une fille
- Une fillette
- Une fillette gentille
- Une fillette gentillette
- Une fillette gentillette et grassouillette
- Une fillette gentillette et grassouillette s'inquiète.
- Une fillette gentillette et grassouillette s'inquiète car il n'y a rien dans son assiette.

- C'est le mien ?
- C'est bien le mien ?
- C'est bien le mien, Damien ?
- C'est bien le mien, Damien, ou c'est le tien ?
- C'est bien le mien Damien, ou c'est le tien, ce chien ?

5. [j] en finale.

Prononcez ces phrases déclaratives de façon neutre.

- J'ai sommeil.
- Je me débrouille.
- Je me réveille.
- Je suis en deuil.

- C'est un détail.
- Je sers de cobaye.
- Elle est de la famille.
- J'ai très mal à l'œil.

6. Travaillez l'intonation expressive en reprenant les phrases suivantes.

- Mmm, quel soleil !
- Aïe, aïe, aïe, quelle pagaille !
- Eh bien, quel accueil !
- Mon dieu, quelle marmaille !

- Pfff, quel travail !
- (baillement) Quel sommeil !
- Dis donc, quelle merveille, cette bouteille !

7. Répétez.

Lentement :

- Va crier ailleurs !
- Va bailler et traînailler ailleurs !
- Va te démaquiller et te débarbouiller ailleurs !

puis sur un rythme rapide.

- Qu'il aille ailleurs !
- Qu'il aille à Nyons !
- Qu'il aille à Lyon !
- Qu'il aille au diable !

8. [j] à l'intervocalique.

Prononcez les phrases suivantes en respectant l'intonation proposée.

- Débrouillez-vous.
- Soyez patiente.

- Ayez du courage.
- Veuillez essayer.

– Asseyez-vous ici. — Veuillez m'excuser pour hier.
– Essuyez-vous les pieds. — Ne nous apitoyons pas.

■ ENTRAÎNEMENT ARTICULATOIRE

9. *Répétez.*

Position initiale

hier
hiérarchie
hiéroglyphe
hyène
yaourt
yoga
Yougoslavie
ion
iode

Position intervocalique

joie	➜	joyeux
soie	➜	soyeux
roi	➜	royal
loi	➜	loyal
voie	➜	voyage
noix	➜	noyer
essuie	➜	essuyer
appuie	➜	appuyer
bruit	➜	bruyant
ennui	➜	ennuyeux

10. *Répétez en respectant le timbre vocalique et la coupure syllabique.*

	[j] intervocalique	**[j] final**
Exemple :	fillette, filleul	fille
À vous :	piller, pillard	pille
	veiller, veilleur	veille
	payer, payant	paye
	aillé	ail
	faillir, infaillible	faille
	maillage, maillon	maille
	fouiller, fouillis	fouille
	mouiller, mouillage	mouille
	souiller, souillon	souille
	œillade, œillère	œil
	feuillu, feuillage	feuille
	cueillette, cueillir	cueille
	griller, grillade	grille
	treillis	treille

11. **Liaison / Enchaînement.**

Notez les liaisons et les enchaînements par le signe ‿ .

Exemple : *– une vieille‿amie* ➜ [yn / vjɛ / ja / mi].

À vous : – un réveil agréable   – un accueil aimable

   – un sommeil agité   – une treille ensoleillée

   – un appareil usagé   – un deuil éprouvant

12. Paires minimales.

Ne confondez pas.

– page	**et**	paille	– rouge	**et**	rouille
– pige		pille	– rage		raille
– fige		fille	– cage		caille
– âgé		aillé	– mage		maille
– cage		caille	– vitrage		vitrail
– bougie		bouillie	– vais-je		veille
– la beige		l'abeille	– aurais-je		oreille

■ JEUX POÉTIQUES, JEUX PHONÉTIQUES

Un lion sommeille à Lyon.
Un lion à Lyon sommeille.
À Lyon, un lion sommeille.
À Lyon sommeille un lion.

*

Le chandail pâle, le seul qui t'aille est à ta taille.

*

Mireille, folle de rage, râle, raille, braille et criaille.

M_L

■ CODE PHONOGRAPHIQUE

[j]			
y	**i + voyelle**	**voyelle + -il**	**voyelle + -ill + voyelle**
yaourt	hier	ail	ailleurs
yoga	ciel	bail	bailler
yeux	bien	éveil	réveillon
hyène	milieu	œil	œillade
payer	iode	deuil	endeuillé
essayer	lion		bille
crayon	miasme		fille
balayage			grille
royal	**ï**		piller
foyer	faïence		billet
moyen	aïeul		grillon
employé	glaïeul		grillage
essuyer			cuiller
bruyant			ou cuillère

CHAPITRE [w] - [ɥ] 3

■ IDENTITÉ

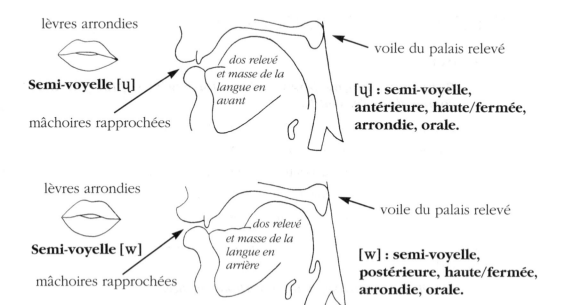

lèvres arrondies

Semi-voyelle [ɥ]

mâchoires rapprochées

dos relevé et masse de la langue en avant

voile du palais relevé

[ɥ] : semi-voyelle, antérieure, haute/fermée, arrondie, orale.

lèvres arrondies

Semi-voyelle [w]

mâchoires rapprochées

dos relevé et masse de la langue en arrière

voile du palais relevé

[w] : semi-voyelle, postérieure, haute/fermée, arrondie, orale.

■ COULEURS SONORES

[w] - [ɥ] Conversation téléphonique : « Oui, oui. Lui ? oui, oui, c'est lui… »

■ SENSIBILISATION ET DISCRIMINATION

1. *Cochez le mot ou groupe de mots que vous entendez.*

Exemple :	*buée*	☒	*bouée*	☒
	nuée	☒	*nouée*	☐
À vous :	huis	☐	oui	☐
	lui	☐	Louis	☐
	juin	☐	joint	☐
	muette	☐	mouette	☐
	il s'enfuit	☐	il s'enfouit	☐
	t'as tué	☐	tatoué	☐

■ MOTS-OUTILS, MOTS UTILES

[w] oui – toi – moi – soi – quoi – soit – voici – voilà – moins –
     pourquoi
[ɥ] lui – celui – huit – puis – depuis – tout de suite – puisque –
     aujourd'hui

■ INTONATION ET ARTICULATION

2. [w]

*Reprenez chaque phrase dans un registre plus familier,
comme dans l'exemple.*

Exemple : – *Que vois-tu ?*   ➡ *Tu vois quoi ?*

À vous : – Que crois-tu ?   ➡ ....

           – Que reçois-tu ?   ➡ ....

           – Que bois-tu ?   ➡ ....

           – Que me dois-tu ?   ➡ ....

3. [ɥ]

Répétez ces phrases sur un rythme rapide.

– Tu y vis ?	– Tu as froid ?	– Tu entends ?
– Tu y crois ?	– Tu as vu ?	– Tu aimes ça ?
– Tu y es ?	– Tu as le temps ?	– Tu insistes ?
– Tu y penses ?	– Tu arrives tôt ?	– Tu en veux ?

4. *Allongez régressivement la phrase en respectant le rythme et l'intonation.*

Sans foi ni loi.

Je vois ce roi sans foi ni loi.

Chaque fois que je vois ce roi sans foi ni loi.

Je m'apitoie chaque fois que je vois ce roi sans foi ni loi.

Louis s'enfuit ?

À minuit Louis s'enfuit ?

Sous la pluie à minuit Louis s'enfuit ?

Sans un bruit sous la pluie à minuit Louis s'enfuit ?

5. Variations d'intonation.

Répétez en respectant les intonations proposées.

Oui – Ouais.

■ ENTRAÎNEMENT ARTICULATOIRE

6. Suites.

Série 1

[y-i] → [ɥ-i]			Syllabe ouverte	Syllabe fermée
su-i	➡	sui	suis – essuie	suisse – suite
tu-i	➡	tui	étui	tuile
nu-i	➡	nui	nuit – ennui	nuire
du-i	➡	dui	traduit	traduire – réduire
pu-i	➡	pui	puis – depuis – épuisé	puise
cu-i	➡	cui	cuit – cuisine	cuire – cuivre
plu-i	➡	plui	pluie – parapluie	
bru-i	➡	brui	bruit – bruitage	bruine

Série 2

[u-i] → [wi]			Syllabe ouverte	Syllabe fermée
ou-i	➡	oui	oui	ouïr
fou-i	➡	foui	enfoui	fouine
lou-i	➡	loui	Louis – Louison	Louise
nou-i	➡	noui	inouï – évanoui	s'épanouir

7. *Répétez.*

Série 1

[y-e] → [ɥe]			
su-é	➡	sué	asexué
tu-é	➡	tué	situer
lu-é	➡	lué	saluer – évaluer
mu-é	➡	mué	remuer
bu-é	➡	bué	embué
nu-é	➡	nué	exténué

Série 2

[u-e] → [we]			
tou-é	➡	toué	tatoué
jou-é	➡	joué	enjoué
nou-é	➡	noué	renouer
vou-é	➡	voué	avoué – dévoué
rou-é	➡	roué	enroué

8. **Mots à répéter.**

Répétez.

[wɛ̃]

[wɛ̃]		[ɥɛ̃]
– soin	– goinfre	– suinter
– loin – lointain	– foin	– chuinter
– coin – coincer	– poing – pointu	– juin
– joint – joindre – rejoindre	– moins – moindre	

---

9. **Suffixation.**

Pour chaque mot proposé, prononcez le dérivé formé comme dans l'exemple. Vérifiez avec l'enregistrement.

A. [wa : ʀ]

Exemple : sécher ➔ séchoir

À vous :

hacher ➔ ....

compter ➔ ....

tirer ➔ ....

bouillir ➔ ....

baigner ➔ ....

B. [wa] / [wa : z]

Exemple : Brest ➔ Brestois et Brestoise

À vous :

Nîmes ➔ ....

Chine ➔ ....

Vienne ➔ ....

Pékin ➔ ....

Berlin ➔ ....

C. [ɥe] / [ɥɑ̃]

Exemple : constitution ➔ constitué

À vous :

situation ➔ ....

accentuation ➔ ....

distribution ➔ ....

pollution ➔ ....

diminution ➔ ....

D. [ɥi]

Exemple : traduction ➔ traduit

À vous :

séduction ➔ ....

reproduction ➔ ....

réduction ➔ ....

déduction ➔ ....

introduction ➔ ....

■ JEUX POÉTIQUES, JEUX PHONÉTIQUES

Louise fuit Louis qui l'ennuie.

*

Louis prend soin de lui.

*

Dans un boui-boui inouï un jésuite en fuite vole dans une cuisine des huîtres et des truites.

*

Un avoué enroué mais enjoué et roué a bafoué un tatoué en dénouant ses souliers.

*

Le boiteux de Bourgoin qu'on appelait « le babouin » a rejoint au mois de juin sa babouine aux Malouines.

ML

■ CODE PHONOGRAPHIQUE

[w]		[ɥ]
ou + voyelle	**oi – oy – oin**	**u + i, y, e, a**
oui	moi	lui
ouate	roi	depuis
ouest	emploi	fruit
mouette	bonsoir	ennui
	angoisse	appui
		ennuyeux
	moyen	appuyer
	loyal	situé
	employer	exténuer
	voyage	situation
	aboyer	évaluation
	loin	
	coin	
	poing	
	besoin	
	rejoindre	

+ poêle.

+ moelleux – moellon.

CHAPITRE 4
/E/ - /Œ/ - /O/

■ IDENTITÉ

lèvres écartées

Voyelle [e]

mâchoires → *légèrement ouvertes* → *dos relevé et masse de la langue en avant*

mâchoires → *moyennement ouvertes* →

lèvres écartées

Voyelle [ɛ] *dos abaissé et masse de la langue en avant*

lèvres arrondies

Voyelle [ø]

mâchoires → *légèrement ouvertes* → *dos relevé et masse de la langue en avant*

mâchoires → *moyennement ouvertes* →

lèvres arrondies

Voyelle [œ] *dos abaissé et masse de la langue en avant*

[e] : **voyelle antérieure, mi-haute/ mi-fermée, non arrondie, orale.**

[ɛ] : **voyelle antérieure, mi-basse/ mi-ouverte, non arrondie, orale.**

[ø] : **voyelle antérieure, mi-haute/ mi-fermée, arrondie, orale.**

[œ] : **voyelle antérieure, mi-basse/ mi-ouverte, arrondie, orale.**

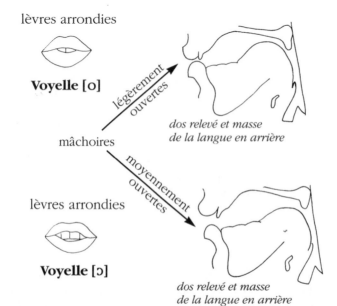

lèvres arrondies

Voyelle [o]

mâchoires → *légèrement ouvertes* → *dos relevé et masse de la langue en arrière*

mâchoires → *moyennement ouvertes* →

lèvres arrondies

Voyelle [ɔ]

dos relevé et masse de la langue en arrière

[o] : **voyelle postérieure, mi-haute/mi-fermée, arrondie, orale.**

[ɔ] : **voyelle postérieure, mi-basse/mi-ouverte, arrondie, orale.**

■ COULEURS SONORES

/E/
- [e] Bruit d'un liquide dans un verre que l'on remplit : « Assez, Assez ».
- [ɛ] Bruit de circulation : « Hé ! hé ! taxi ! »

/Œ/
- [ø] « Feu ! » Salve d'artillerie.
- [œ] Une horloge sonne neuf coups : « 9 heures ! » Soupir.

/O/ [o] - [ɔ] Avec accompagnement musical : do, sol, do, sol, sol, sol, do, sol...

■ SENSIBILISATION ET DISCRIMINATION

1. *Écoutez les noms des fleuves et rivières qui vous sont proposés et classez-les selon les voyelles qu'elles contiennent.*

Allier – Creuse – Rhône – Seine – Eure – Garonne – Meurthe – Drôme – Hérault – Meuse – Isère – Escault – Lot – Ardèche – Somme – Saône – Cher.

[e]	[ø]	[o]	[ɛ]	[œ]	[ɔ]
Allier	*Creuse*	*Rhône*	*Seine*	*Eure*	*Garonne*
....	....	....	....	....	....
....	....	....	....	....	....
....	....	....	....	....	....
....	....	....	....	....	....

2. **/Œ/ - /E/ : présent / passé composé.**

A. *Notez l'ordre dans lequel vous avez entendu les phrases.*

	Présent	Passé composé	Ordre
Exemple :	– *Je rougis.*	– *J'ai rougi.*	*1 - 2*
	– *Je dis non.*	– *J'ai dit non.*	*2 - 1*
À vous :	– Je fais ça.	– J'ai fait ça.	......
	– Je souris.	– J'ai souri.	......
	– Je traduis.	– J'ai traduit.	......
	– Je conclus.	– J'ai conclu.	......
	– Je réfléchis.	– J'ai réfléchi.	......

B. *Cochez la phrase entendue.*

Exemple :
- – *Tu te vieillis.* ☒ – *Tu t'es vieilli.* ☒
- – *Tu te teins les cheveux.* ☒ – *Tu t'es teint les cheveux.* ☐

À vous :
- – Il se joint à nous. ☐ – Il s'est joint à nous. ☐
- – Il se plaint de tout. ☐ – Il s'est plaint de tout. ☐
- – Le nombre se réduit. ☐ – Le nombre s'est réduit. ☐
- – Ça se produit souvent. ☐ – Ça s'est produit souvent. ☐
- – Tu te trahis. ☐ – Tu t'es trahi(e). ☐

3. /Œ/ - /E/ : singulier ou pluriel.

Cochez la phrase entendue.

Exemple : – *Ne le tue pas.* ☒ – *Ne les tue pas.* ☒
  – *Prends-le donc.* ☒ – *Prends-les donc.* ☐

À vous :

– Ne le regarde pas. ☐ – Ne les regarde pas. ☐
– Jette-le donc, ce papier. ☐ – Jette-les donc, ces papiers. ☐
– Prêtez-le moi, ce livre. ☐ – Prêtez-les moi, ces livres. ☐
– Tu le veux, ce disque ? ☐ – Tu les veux, ces disques ? ☐
– Vous le trouvez où, ce vin ? ☐ – Vous les trouvez où, ces vins ? ☐
– Je le mets où, ce bouquet ? ☐ – Je les mets où, ces bouquets ? ☐

4. /Œ/ - /E/ : vais / veux - des / deux.

Dans quel ordre entendez-vous les phrases suivantes ?

	1	2	Ordre
Exemple :	– *Je veux partir.*	– *Je vais partir.*	*2 - 1*
À vous :	– Je veux réfléchir.	– Je vais réfléchir.	……
	– Je veux bien.	– Je vais bien.	……
	– Je veux le faire.	– Je vais le faire.	……
	– Faites deux vœux.	– Faites des vœux.	……
	– Je me fais deux œufs.	– Je me fais des œufs.	……
	– Ils ont deux enfants.	– Ils ont des enfants.	……

5. /Œ/ - /E/ : paires minimales.

Laquelle des deux phrases entendez-vous ?

A. Exemple : – *J'aime les vieux beaux.* ☒ – *J'aime les vieux bœufs.* ☒
  – *Quel galop !* ☒ – *Quel galeux !* ☐

À vous :

– C'est bien pâteux. ☐ – C'est bien pataud. ☐
– Faites des vœux. ☐ – Faites des veaux. ☐
– Achetez-moi des œufs. ☐ – Achetez-moi des aulx. ☐
– Donnez-m'en un petit peu. ☐ – Donnez-m'en un petit pot. ☐

B. Cochez le mot ou la phrase entendu.

Exemple : – *la fleur* ☒ – *la flore* ☐
À vous : – C'est l'heure. ☐ – C'est l'or. ☐
  – Il meurt. ☐ – Il mord. ☐
  – Ils veulent. ☐ – Ils volent. ☐
  – sans beurre ☐ – sans bord(s) ☐
  – Les peurs cachées. ☐ – Les ports cachés. ☐
  – le diable au cœur ☐ – le diable au corps ☐

■ MOTS-OUTILS, MOTS UTILES

/E/
- [e] les – ces – des – mes – tes – ses – chez – et
- [e] - [ɛ] dès – jamais – après – très – près – est – mais
- [ɛ] hier – elle – quel – tel – celle – tellement – personne – avec

/Œ/
- [ø] eux – ceux – deux – peu – mieux
- [ø] - [œ] - [ə] je – me – te – se – ne – le – de – que – cela – ceci – dehors – dedans – dessus – dessous
- [œ] leur – meilleur – seulement

/O/
- [o] au – trop – tôt – plutôt – nos – vos – autre – le nôtre – le vôtre – bientôt
- [ɔ] or – alors – hors – dehors – encore – personne – notre – votre – lorsque

■ INTONATION ET ARTICULATION

6. *Allongez progressivement la phrase.*

A. – Ce monsieur.
– Ce monsieur en bleu.
– Ce monsieur en bleu les veut.
– Ce monsieur en bleu les veut, ces deux œufs.

B. – Je sais.
– Je sais ce qu'il veut.
– Je sais ce qu'il veut, ce bébé.
– Je sais ce qu'il veut, ce bébé malheureux.

C. – C'est mieux.
– C'est bien mieux.
– C'est bien mieux à deux.
– C'est bien mieux à deux ce jeu.

7. Dominante /O/ - /Œ/.

Répétez.

Je sors peu.
Je dors très peu.
Je me choque de peu.
Je me moque assez peu.
Je m'améliore peu à peu.
Je philosophe un tout petit peu.
Je me contrôle de mieux en mieux.

8. Dominante /E/ - /Œ/ - /O/.

Écoutez le dialogue puis jouez-le.

A. « Tu peux mercredi ? Mercredi, c'est possible ?

B. – Non, mercredi, ce n'est pas possible, je ne peux pas.

A. – Et jeudi ?

B. – Attends, je regarde, jeudi, euh… non, désolé, je ne peux pas non plus.

A. – Et vendredi alors ?

B. – Oui, euh… vendredi après-midi, euh… je peux, c'est possible.

A. – À quelle heure ? À 2 heures ?

B. – Non, à 2 heures, c'est trop tôt, un peu trop tôt.

A. – Après 3 heures, si tu veux ?

B. – À 3 heures, je peux.

A. – D'accord, à 3 heures. »

---

9. /E/ - /Œ/ - /O/.

Articulez clairement les phrases suivantes.

– Dehors ! S'il te plaît, dehors !

– Stop ! Terminé ! D'accord ?

– Bravo ! C'est mieux ! C'est de mieux en mieux !

– Encore eux ! Ils exagèrent !

– Seulement deux ! C'est trop peu !

– Allez, c'est l'heure ! Il est neuf heures !

■ ENTRAÎNEMENT ARTICULATOIRE

10. Opposition /E/ - /Œ/ - /O/ : paires minimales.

Lisez les mots et les lettres, ligne par ligne.

Syllabe ouverte			Syllabe fermée		
– fée	feu	faux	– mer	meurt	mort
– et	eux	haut	– père	peur	port
– B	bœufs	beau	– serre	sœur	sort
– dé	deux	dos	– sel	seul	sol
– C	ceux	seau	– mêle	meule	molle
– V	veux	vos	– R	heure	or
– P	peu	peau	– flair	fleur	flore

A. /Œ/ - /E/

11. **Paire minimales grammaticales.**

Transformez les phrases suivantes au passé.

	Présent		Passé composé
Exemple :	– Je finis.	→	– J'ai fini.
	– La situation se durcit.	→	– La situation s'est durcie.

À vous :

– Je réussis. → ....

– Est-ce que je maigris ? → ....

– Qu'est-ce que je dis ? → ....

– Je le séduis. → ....

– Ça se construit. → ....

– Le temps se radoucit. → ....

– Elle se réjouit trop vite. → ....

---

12. **Paires minimales grammaticales : le/les - deux/des.**

Prononcez les mots suivants et vérifiez votre prononciation.

/Œ/ – /E/	/E/ – /Œ/
– le nez / les nez	– les gués / le gué
– le met / les mets	– les faits / le fait
– ce mot / ces mots	– ces pots / ce pot
– pose-le / pose-les	– ôte-les / ôte-le
– sers-le / sers-les	– aime-les / aime-le
– deux jeux / des jeux	– des œufs / deux œufs
– deux bœufs / des bœufs	– des vieux / deux vieux

---

13. **Paires minimales lexicales.**

Distinguez bien.

/Œ/		/E/
Il est à l'heure.	**et**	Il est à l'air.
C'est un petit feu.		C'est un petit fait.
Il est sans peur.		Il est sans père.
Je veux m'en aller.		Je vais m'en aller.
Il y a un jeune en trop.		Il y a un gène en trop.
Ses sœurs sont belles.		Les serres sont belles.

/Œ/		/E/	/Œ/		/E/
je mets	**et**	j'émets	je me dis	**et**	je médis
je sais		j'essaie	je me gare		je m'égare
je t'ai		j'étais	je me lève		je m'élève
je me meus		je m'émeus	je me penche		je m'épanche
je me lance		je m'élance	je me tire *(fam.)*		je m'étire

---

14. Préfixation.

Prononcez les verbes et leurs dérivés, comme dans l'exemple, et vérifiez votre prononciation.

Devant consonne	/dE/	/RŒ/
1. *faire*	*défaire*	*refaire*
2. serrer	....	....
3. servir	....	....
4. monter	....	....
5. teindre	....	....
6. chausser	....	....

Devant voyelle	/dEz/	/RE/
1. *unir*	*désunir*	*réunir*
2. organiser	....	....
3. intégrer	....	....
4. armer	....	....
5. incarner	....	....
6. infecter	....	....

---

15. *Prononcez ces mots à la française.*

[œ]
- tee-shirt – flirt
- nurse – surf
- leader – flipper – outsider – shaker – baby-sitter – dealer

[ɛ] • gangster – revolver – poker – joker – starter

[œ] ou [ɛ] • reporter – best-seller – globe-trotter

---

16. Suites.

Écartez et arrondissez les lèvres, puis arrondissez et écartez les lèvres.

[ɛ] - [œ]	[œ] - [ɛ]
– Elle pleure.	– Pleure-t-elle ?
– Elles veulent.	– Veulent-elles ?
– un frère seul	– un seul frère

– un mec jeune   – un jeune mec

– un rêve d'une heure   – une heure de rêve

[ɛ] - [ø]	[ø] - [ɛ]
– la fête en banlieue	– la banlieue en fête
– la haine des lieux	– des lieux de haine
– la terre en feu	– le feu de la terre
– la règle du jeu	– un jeu en règle
– le rêve de mes aïeux	– les aïeux de mes rêves

B. /Œ/ - /O/

17. Paires minimales lexicales.

Distinguez bien.

/Œ/		/O/
C'est un feu bien fait.	**et**	C'est un faux bien fait.
Vous avez de beaux cheveux.		Vous avez de beaux chevaux.
Bravo pour le grelot.		Bravo pour le gros lot.
Je ne veux rien.		Je ne vaux rien.
Qu'est-ce qu'ils veulent ?		Qu'est-ce qu'ils volent ?
Il est très jeune.		Il est très jaune.
Les peurs s'évanouissent.		Les porcs s'évanouissent.
Sers-le.		Sers l'eau.

---

18. Suites.

Répétez.

[œ] - [o]	[o] - [œ]
– du beurre en pot	– un pot de beurre
– un veuf drôle	– un drôle de veuf
– des fleurs en pot	– un pot de fleurs
– un œuf jaune	– un jaune d'œuf
– un seul mot	– un mot seul
– un jeune saule	– un saule jeune

[œ] - [ɔ]	[ɔ] - [œ]
– les fleurs de la flore	– la flore en fleurs
– les pleurs du pope	– un pope en pleurs
– la sueur des hommes	– un homme en sueur
– un jeune à la mode	– la mode des jeunes
– un voleur mort	– la mort d'un voleur
– les couleurs d'automne	– l'automne en couleurs

19. Alternance vocalique.

Observez dans ces mots de même racine l'alternance vocalique et prononcez-les.

/Œ/		/O/	/Œ/		/O/
cœur	→	cordial	odeur	→	odorat
chœur	→	choral	meuble	→	mobilier
bœuf	→	bovin	preuve	→	probable
heure	→	horaire	pasteur	→	pastoral
fleur	→	floral	seul	→	solitude

– vouloir	→	il veut, ils veulent	→	la volonté
– pouvoir	→	il peut, ils peuvent	→	la possibilité
– mouvoir	→	il se meut, ils se meuvent	→	la mobilité
– mourir	→	il meurt, ils meurent	→	la mort

20. Expressions idiomatiques.

Notez, s'il y a lieu, les liaisons et enchaînements par le signe ‿.

Exemple : – tête‿à tête   – de la tête‿aux pieds

À vous : – nez à nez   – des pieds à la tête

– dos à dos   – un pied de nez

– pied à pied   – un tête-à-queue

– corps à corps   – la bouche en cœur

– œil pour œil

– côte à côte

■ JEUX POÉTIQUES, JEUX PHONÉTIQUES

Adieu, Madame Tardieu !
À bientôt, Madame Chateau !
À tout à l'heure, Monsieur Vasseur !
*
La peur des porcs me perd.
*
Mon père fait peur aux porcs.
*
Seul, mon corps est ici mais mon cœur est au Caire.
*
Ma sœur me sert de mère.
*

Ce chercheur bien en chair a bien tort de se taire.

*

Ma sœur serre sur son cœur son cher masseur et sort.

*

Seule sur sa selle au sol, elle déplore son sort.

*

C'est ce sot qui me vaut tous mes maux.

*

Monsieur, je ne veux pas les deux veaux du dévot.

ML

I. /E/ : [e] - [ɛ]

■ DISCRIMINATION ET OBSERVATION

21. *Écoutez les mots proposés et écrivez-les dans la colonne qui correspond à leur prononciation.*

et – est – thé – sec – jouet – treize – lait – été – nez – complet – frais – chez – beige – même – prêt – correct – fée – clé – il marchait – marcher – complexe – marché – plaire – marchez – il irait – succès – jersey – règne – faire – flemme – les – vallée – poulet – valet – ils viennent – belle – cahier

Syllabe ouverte		Syllabe fermée	
[e]	**[ɛ]**	**[e]**	**[ɛ]**
et	*est*		*sec*
thé	*jouet*		*treize*
....	....	....	....
....	....	....	....
....	....	....	....
....	....	....	....
....	....	....	....
....	....	....	....
....	....	....	....
....	....	....	....
....	....	....	....
....	....	....	....

Remarques :
* *Il n'y a pas de* [e] *en syllabe fermée accentuée.*
* *En français standard, de nombreux Français ne font plus la distinction* [e] /[ɛ] *en syllabe ouverte et ont tendance à tout prononcer* [e] *sauf pour les formes verbales en « ai » où le* [ɛ] *a tendance à l'emporter. D'autre part, rares sont les Français qui font encore la distinction phonétique, autrefois courante, entre le futur et le conditionnel d'une part, et le passé simple et l'imparfait d'autre part :*

[e] → *je chanterai (futur)*   [ɛ] → *je chanterais (conditionnel)*
     je chantai (passé simple)   *je chantais (imparfait)*

Ils prononcent ou toutes les formes [e] *ou toutes les formes* [ɛ].

▲ **22. Orthographe et prononciation.**

Observez.

Syllabe ouverte (consonne, voyelle)					
toujours [e]	thé	soirée	léger	nez	ces	
	café	journée	cahier	assez	les	
	été	poupée	régulier	chez	des	
	caché	cachée	cacher	cachez	mes	
	usés	usées	user	usez	tes	
norme : [ɛ] réalité : [ɛ] ou [e]	poignet	dès	forêt	trolley	lait	tramway
	poulet	grès	arrêt	jockey	mais	Uruguay
	ballet	abcès	prêt		j'allais	Courtenay
	coquet	procès	intérêt		il aurait	
Syllabe fermée (consonne, voyelle, consonne)					
toujours [ɛ]	cette	mère	pêche	peigne	pair
	belle	nièce	fête	Seine	maigre
	avec	père	tête	réveil	aile
	ciel	tiède	même	peine	baisse
	complexe	flèche	fenêtre	beige	faire

■ INTONATION ET ARTICULATION

23. *Répétez les phrases suivantes avec l'intonation proposée.*

– Un café, Albert ?
– Une tasse de thé, ma chère ?
– Vous avez dîné, grand-mère ?
– Tu viens te coucher, Angèle ?

– On va se promener, ma belle ?
– On peut commencer, maître ?
– Tu t'es bien promené, grand-père ?

24. *Répétez en respectant les pauses et l'intonation.*

– Oh ! navré, je suis navré, vraiment navré.

– Oh ! désolée ! je suis désolée, vraiment je suis désolée !

– Je regrette, vraiment je regrette, c'est vrai, je regrette.

– Ah ! volontiers, très volontiers, j'accepte très volontiers.

– Bonne idée ! très bonne idée ! C'est vraiment une très, très bonne idée !

25. *Prononcez lentement avec les pauses et les allongements proposés dans l'enregistrement.*

– Où était-ce ? dans un pré ? près de la mer ? sur un quai ? dans les blés ? Je ne sais pas…

– Quand était-ce ? en mai ? en juillet ? en janvier ? J'ai oublié…

– Que portais-je ? un blazer ? un cache-nez ? un ciré ? Je ne me rappelle pas…

– Avec qui étais-je ? avec un gangster ? un douanier ? un loup de mer ? Je ne sais pas… je ne me rappelle pas.

26. *Reprenez les formulations et les intonations proposées.*

– Le sel !

– Le sel, s'il vous plaît !

– Vous pouvez me passer le sel, s'il vous plaît ?

– Est-ce que je pourrais avoir le sel, s'il vous plaît ?

– J'aimerais que vous me passiez le sel, s'il vous plaît.

– Auriez-vous la gentillesse de me passer le sel, s'il vous plaît ?

27. *Reprenez les propos suivants et leur intonation.*

1. Et alors, où est-ce que vous en êtes ? Vous avez avancé ? Qu'est-ce que vous comptez faire ?

2. Et alors, qu'est-ce qui s'est passé ? Qu'est-ce qu'elle t'a dit après ? Qu'est-ce qu'elle a proposé ? Qu'est-ce que vous avez fait ? Où est-ce que vous êtes allés ?

3. Et alors ! Si c'est ce qu'elle aime ! Qu'est-ce que ça peut te faire ? Laisse-la faire !

4. Et alors ! Ce n'est pas une affaire ! Il n'y a pas de quoi s'en faire ! Laissez tomber !

■ ENTRAÎNEMENT ARTICULATOIRE

28. [e] / [i]

Ne fermez pas trop le [e].

salé ≠ sali	pressé ≠ précis	tapé ≠ tapi
anté ≠ anti	épée ≠ épi	il a aimé ≠ il a émis
fusée ≠ fusil	des nez ≠ des nids	hausser ≠ aussi

29. [e] / [ɛ]

Conjuguez à l'impératif en alternant [e] et [ɛ].

	[ɛ]		[e]
répéter :	rép**è**te	rép**é**tez	rép**é**tons
céder	....	....	....
espérer	....	....	....
sécher	....	....	....
régler	....	....	....
révéler	....	....	....
démêler	....	....	....
prêter	....	....	....

30. [ɛ] en syllabe fermée.

Gardez le même timbre quel que soit l'entourage consonantique.

sec – cep – cet – cède – seigle   Seine – sème – saigne
sèche – sève – seize – siège   ancêtre – en cercle
serre – sel

31. [ɛ] devant [ʀ] - [l] et les consonnes nasales.

Gardez le même timbre quel que soit l'entourage consonantique.

laide	laine	bec	belle	mec	mer
jette	gène	mec	mêle	guette	guerre
flèche	flemme	sec	celle	fête	fer
sept	sème	jette	gèle	cette	serre
tête	teigne	quête	quelle	net	nerf
raid	reigne	miette	miel	chef	chair

▲ 32. Suffixation.

Formez les dérivés.

A. En « -aire » → [ɛ:ʀ]

- *priorité* → *prioritaire*
- majorité → .... – université → ....
- immunité → .... – velléité → ....
- communauté → .... – forfait → ....

B. En « -aine » → [ɛn]

- *quinze* → *quinzaine* – *mondain* → *mondaine*
- cent → .... – hautain → ....
- dix → .... – marocain → ....
- douze → .... – italien → ....
- vingt → .... – chien → ....
- trente → .... – comédien → ....

33. Suffixation « -ier/-ière ».

Passez du masculin au féminin ou du féminin au masculin.

Exemple : *Un écolier régulier deviendra bachelier.*
→ Une écolière régulière deviendra bachelière.

À vous :

– Le premier fils du fermier est infirmier-ambulancier.

→ ....

– Cuisinier gaucher cherche ouvrier droitier.

→ ....

– C'est la dernière héritière d'une lignée de couturières.

→ ....

– Roturière dépensière cherche héritier ou rentier.

→ ....

– Un prisonnier rancunier partage sa cellule avec un usurier.

→ ....

▲ 34. Suffixation.

Formez des dérivés.

A. En « -ée » → [e]

- *bouche* → *bouchée* – *assiette* → *assiettée*
- cuiller → .... – pince → ....
- gorge → .... – maison → ....
- soir → .... – matin → ....

B. En « -ité » → [ite]

- *fidèle*   → *fidélité*   - *féminin* → *féminité*
- facile   → ....   - extrême → ....
- immobile   → ....   - fragile → ....
- général   → ....   - humide → ....

---

35. Suffixation « -et » → [e], « -ette » → [ɛt], « -elle » → [ɛl].

Prononcez et écrivez les dérivés en fonction des suffixes donnés.

	« -et »	« -ette »	« -elle »	Dérivés
jardin	+			*jardinet*
livre	+			....
garçon	+			....
rue			+	....
tour			+	....
prune			+	....
malle		+		....
planche		+		....
cloche		+		....
fille		+		....
maison		+		....
pièce		+		....

---

36. Pour les puristes : [e] / [ɛ] (paires minimales en contexte).

Faites l'opposition d'ouverture pour les mots en gras.

- Il y **est et** il y reste.
- Chaque année il **naît** des milliers de nouveaux-**nés**.
- Il **louait** un appartement sous-**loué**.
- Que **fait** la **fée** ?
- La terre de cette **vallée** ne **valait** rien.
- Où **étais**-tu cet **été** ?
- Que de **thé** sur cette **taie** d'oreiller !
- Tout **gai** il passa le **gué**.

/E/ - /Œ/ - /O/

Les secrets les mieux gardés
sont ceux qui jamais n'ont été demandés.

Jacques PRÉVERT, in *Fatras*, Éd. Gallimard.

* * *

Pépé éméché est entré chez Mémé sans frapper.
Mémé excédée a cassé la télé à coups de pieds.
Dédé excité a vidé tout le thé dans l'évier.
Gégé hébété a essayé de filer.
Mémé l'a rattrapé en bas de l'escalier.
Et Pépé l'a fessé, en haut, sur le palier.

*

René très éméché est entré au ciné du quartier
précédé d'Irénée exaspérée.

*

Le bébé d'Irénée est né cet été dans un pré près d'un gué
dans une vallée des Pyrénées et l'abbé Hervé l'a baptisé.

*

Que peut faire

un antiquaire d'un dromadaire
une reine d'une baleine
un athlète d'une violette
une corneille d'une groseille
un concierge d'un cierge
un merle d'une perle
un cocker d'un camembert
un ver de terre d'une cuiller
un criminel d'une manivelle
un garde-pêche d'une bêche
une princesse d'un edelweiss
un sous-chef d'un couvre-chef
un poète d'une bicyclette... ?

ML

II. /O/ : [o] - [ɔ]

■ DISCRIMINATION ET OBSERVATION

37. *Écoutez les mots proposés et écrivez-les dans la colonne correspondant à leur prononciation.*

peau – fausse – pilote – travaux – diplôme – cacao – gauche – corps – drôle – parole – chaud – dose – repos – autre – gorge – oiseau – album – radio – propre – fantôme – époque – choc – trop – sauf – sotte – chaude – impôt – pose – mot – chose – proche – pot – maximum.

Syllabe ouverte		Syllabe fermée	
[o]	[ɔ]	[o]	[ɔ]
peau		*fausse*	*pilote*
....	....	....	....
....	....	....	....
....	....	....	....
....	....	....	....
....	....	....	....
....	....	....	....
....	....	....	....
....	....	....	....
....	....	....	....
....	....	....	....

Remarque : *il n'y a pas de* [ɔ] *en syllabe ouverte accentuée.*

---

38. **Opposition [o] / [ɔ] : paires minimales.**

Écoutez et classez les mots dans la colonne correspondant à leur prononciation.

	[o]	[ɔ]
– haute – hotte	....	....
– pomme – paume	....	....
– Paule – Paul	....	....
– khôl – colle	....	....
– saute – sotte	....	....

	[o]	[ɔ]
	....	....
– sol – saule	....	....
– vôtre – votre	....	....
– notre – nôtre	....	....
– roc – rauque	....	....
– l'atome – la tomme	....	....

> **Remarque :** *en français standard, la distinction* [o] / [ɔ] *est toujours vivante en syllabe fermée accentuée.*

■ INTONATION ET ARTICULATION

39. [o]

Ne diphtonguez pas.

- Il fait chaud, beaucoup trop chaud !
- Oh ! c'est gros, beaucoup trop gros !
- C'est haut, beaucoup trop haut !

- C'est trop tôt, beaucoup trop tôt !
- C'est faux, faux, archifaux !
- C'est beau, beau, tellement beau !
- Il le faut, il le faut, il le faut !

40. [ɔ]

Répétez en reprenant l'intonation proposée.

- Tu as tort, Nestor, tu as tort !
- Dehors, Médor, dehors !
- Approche, Georges, approche !
- Tu dors, Paul, tu dors encore !

- Alors, Laure, tu sors !
- D'accord, Yvonne, d'accord !
- Stop, Simone, stop !
- Mords, Médor, mords !

■ ENTRAÎNEMENT ARTICULATOIRE

41. [o] : abréviations familières en « -o ».

Écoutez et répétez.

un mélodrame ➙ un mélo
à l'hôpital ➙ à l'hosto
les informations ➙ les infos
un clochard ➙ un clodo
un laboratoire ➙ un labo

au frigidaire ➙ au frigo
Il est paranoïaque. ➙ Il est parano.
un fasciste ➙ un facho
un dictionnaire ➙ un dico
un exercice ➙ un exo

42. **Suffixation « -al » - « -aux ».**

Formez le pluriel.

Exemple : – *un journal national* ➞ *des journaux nationaux*

À vous :
– un animal anormal ➞ ....
– un hôpital régional ➞ ....
– un vitrail original ➞ ....
– un signal musical ➞ ....
– un bail illégal ➞ ....

43. **[o] ➞ [o:].**

Allongez la voyelle au féminin mais maintenez le [o] fermé.

– chaud ➞ chaude
– noiraud ➞ noiraude
– lourdaud ➞ lourdaude
– esquimaud ➞ esquimaude
– haut ➞ haute
– faux ➞ fausse
– gros ➞ grosse
– penaud ➞ penaude

44. **[o] ➞ [ɔ].**

Formez le féminin.

– *sot* ➞ *sotte*
– vieillot ➞ ....
– pâlot ➞ ....
– idiot ➞ ....
– rigolo ➞ ....

Passez du substantif au verbe.

– *un complot* ➞ *il complote*
– un tricot ➞ ....
– un sanglot ➞ ....
– le bachot ➞ ....
– le flot ➞ ....

45. **Ne nasalisez pas le [ɔ] devant « n » ou « m ».**

– dot – donne
– botte – bonne
– pope – pomme
– gobe – gomme
– robe – rhum
– hop – homme
– sotte – sonne – somme
– note – nonne – nomme

46. **Suites.**

Répétez.

[ɔ] - [ɔ]
– un score médiocre
– une époque folle
– un gosse précoce
– un épisode atroce
– un homme myope

[o] - [ɔ]
– un beau gosse
– un mot atroce
– un autre homme
– une chose idiote
– une drôle d'époque

[o] - [o]	[ɔ] - [o]
– un gros mot rigolo	– un homme morose
– un drôle de rôle	– une porte trop haute
– un beau pot jaune	– des bottes roses
– un beau chapeau rose	– une robe mauve
– un bistrot morose	– un ténor chauve

---

47. **Paires minimales en contexte : opposition [o] / [ɔ].**

Écoutez et répétez.

– Cette hotte est très haute.
– Mets la pomme sur ta paume.
– Il a du khôl sur le col.
– Où saute cette sotte ?
– Maud est à la mode.

– Le sol est pauvre autour du saule.
– Paul et Paule sont au pôle Nord.

■ JEUX POÉTIQUES, JEUX PHONÉTIQUES

De juin à octobre
Fais le tour du globe.
Si tu vas à Rome
Va voir le forum.
De l'île de Minorque
Va donc à Majorque.
De san Salvador
Ramène un peu d'or.
Dans le grand New York
Compte bien tous les blocs.
Mais au Labrador
Ne perds pas le Nord.
À San Franscisco
Mets les pieds dans l'eau.
Pour voir Mexico
Tu monteras très haut.
À Valparaiso
Vas-y en bateau.
Au cœur du Congo
Mets bien ton chapeau.
Enfin à Tokyo
Apprends l'art du nô.

ML

III. /Œ/ : [ø] - [œ] - [ə]

■ DISCRIMINATION ET OBSERVATION

48. *Écoutez les mots proposés et écrivez-les dans la colonne appropriée.*

deux – jeu – creuse – accueille – meuble – queue – seul – heureux – œil – un œuf – des yeux – peu – orgueil – heureuse – veuf – vœu – sœur – mieux – envieuse – ceux – cœur – peureuse – des œufs

Syllabe ouverte		Syllabe fermée	
[ø]	**[œ]**	**[ø]**	**[œ]**
deux		*creuse*	*accueille*
jeux			
....	....	....	....
....	....	....	....
....	....	....	....
....	....	....	....
....	....	....	....
....	....	....	....
....	....	....	....

Remarques : en syllabe fermée, on prononce :
- *toujours* [ø] *devant* [z] ;
- [ø] *dans quelques autres mots :*
  - *émeute – ameute – meute – thérapeute ;*   *– jeûne ;*
  - *feutre – neutre ;*   *– veule.*

La prononciation du « e » muet, autrefois [ə], *tend à disparaître au profit de* [œ] *ou* [ø] *selon sa position et selon les locuteurs.*

■ INTONATION ET ARTICULATION

49. [ø]

Répétez.

A. – C'est prodigieux !
– C'est merveilleux, fabuleux !
– C'est fameux, délicieux, savoureux !
– C'est scandaleux, monstrueux, honteux, odieux !

B. – C'est pas sérieux, ce vœu !   – C'est scandaleux, ce double-jeu !

     – C'est fabuleux, ce bleu !   – C'est ennuyeux, ce jeu !

     – C'est délicieux, ce pot-au-feu !   – C'est merveilleux, ce lieu !

---

50. **[œ]**

Écoutez les dialogues puis écrivez la réponse.

1. « Vous avez l'heure ? » ➡ ....

2. « Tu viens de bonne heure ? » ➡ ....

3. « Elle est à l'heure ! » ➡ ....

4. « Je vous paye à l'heure ? » ➡ ....

5. « Tu as vu l'heure ? » ➡ ....

6. « Elle est à l'heure ? » ➡ ....

---

51. **/Œ/ : « e » muet.**

Articulez clairement en prononçant tous les « e ».

– Je te dis que non !   – Mais ne te fâche pas ! Ne te fâche pas !

– Je te le dis et je te le répète !   – Mais qu'est-ce que tu me reproches !

– Je le sais !

– Ne me redis jamais ça !   – Tu te tais ! Tu te tais !

– Je ne veux pas et je ne peux pas !

---

52. **/Œ/ : « e » muet (cf. chapitre 10).**

Prononcez le « e » de « le », « que », « ne » dans les structures suivantes.

– Fais-le sortir.	– Que veux-tu ?	– Ne fume pas trop.
– Laisse-le faire.	– Que dis-tu ?	– Ne te presse pas.
– Prête-le moi.	– Que fait-il ?	– Ne t'endors pas.
– Appelle-le.	– Que voulez-vous ?	– Ne te dérange pas.
– Cherche-le.	– Que regarde-t-elle ?	– Ne t'énerve pas.

■ ENTRAÎNEMENT ARTICULATOIRE

53. **/Œ/ : « e » muet.**

Répétez.

me	➡	mener	je	➡	jeter
te	➡	tenir	de	➡	devez
le	➡	lever	re	➡	renier
se	➡	semer	que	➡	quereller

54. Suffixation « -eux » / « -euse » ; « -eur » / « -euse ».

A. *Mettez l'adjectif au féminin puis formez l'adverbe. Allongez le [ɸ] devant [z] en syllabe fermée.*

[ɸ]		[ɸ : z]		[ɸ zmɑ̃]
heureux	→	*heureuse*	→	*heureusement*
joyeux	→	....	→	....
curieux	→	....	→	....
sérieux	→	....	→	....
amoureux	→	....	→	....
mystérieux	→	....	→	....
rêveur	→	....	→	....

B. *Passez du substantif à l'adjectif.*

[ɸ]

montagne	→	*montagneux*			
honte	→	....	orage	→	....
nombre	→	....	désastre	→	....
fièvre	→	....	envie	→	....
nuage	→	....	merveille	→	....

C. *Passez du masculin au féminin ou inversement.*

un curieux voyageur → *une voyageuse curieuse*

une enquêteuse sérieuse → ....

un danseur fabuleux → ....

une voleuse astucieuse → ....

un temps venteux, pluvieux et neigeux

→ une journée ....

---

55. Suites.

Répétez.

[ɸ] - [ɸ] : des yeux bleus – un vœu pieu – des jeux dangereux – un neveu matheux – un lieu mystérieux – des cheveux graisseux – un milieu joyeux – un monsieur sérieux.

[œ] - [œ] : un jeune chômeur – une sœur en pleurs – une rumeur de meurtre – un œil de bœuf – une heure d'accueil – plusieurs œuvres.

[ɸ] - [œ] : un peu de beurre – des vœux de bonheur – des yeux rieurs – un vieux moqueur – des messieurs à l'heure – un neveu sans cœur.

[œ] - [ɸ] : un œil bleu – un bœuf peureux – un veuf heureux – des mœurs douteuses – un tueur dangereux – un chanteur fameux – des hors-d'œuvre copieux – une peur bleue.

Tout près d'un lieu rocheux venteux et nuageux,
Mon bon neveu Mathieu se fait un pot-au-feu.
Par là se meut un gueux, hideux et loqueteux
qui zieute le pot-au-feu de mon neveu Mathieu.
Mathieu est généreux et lui lance deux œufs,
Mais ce ne sont pas des œufs que veut ce gueux hideux.
Il veut le pot-au-feu de Mathieu mon neveu.
Le gueux émeut Mathieu qui lui en donne un peu.
Mais le gueux audacieux en veut et en reveut.
Et Mathieu généreux lui donne son pot-au-feu.
« Ventrebleu ! dit le gueux, tu es un cordon bleu. »
Puis il lui dit adieu et part vers Saint-Brieuc.

*

Tout près d'un vieux tilleul et d'un beau chèvrefeuille
Un voyageur rêveur déjeune d'un chou-fleur.
Par là passe une veuve en deuil et désœuvrée
Qui pleure pleure et pleure et maudit son malheur.
Les pleurs de cette veuve émeuvent le voyageur
Qui accueille la veuve dessous le vieux tilleul.
« Prenez donc ce chou-fleur ! lui dit le voyageur.
– Beurk ! répond la veuve, j'ai horreur du chou-fleur. »

« N'ayons jamais de cœur envers les veuves en pleurs »,
Se dit le voyageur, qui reprit son chou-fleur
Et laissa seule la veuve tout près du vieux tilleul.

ML

IV. Reprise : /Œ/ - /Œ/ - /O/

XVIᵉ siècle

XVIᵉ siècle

RABELAIS

DU BELLAY

MONTAIGNE

XVIIᵉ siècle

CORNEILLE

MOLIÈRE

LA FONTAINE

LA BRUYÈRE

MADAME DE SÉVIGNÉ

XVIIIᵉ siècle

DIDEROT

L'ABBÉ PRÉVOST

MONTESQUIEU

VOLTAIRE

MARIVAUX

BEAUMARCHAIS

XIXᵉ siècle

HUGO

MUSSET

MÉRIMÉE

FLAUBERT

ZOLA

XXᵉ siècle

CLAUDEL

APOLLINAIRE

MALRAUX

PRÉVERT

IONESCO

QUENEAU

BECKETT

SUPERVIELLE

COHEN

PÉREC

■ CODE PHONOGRAPHIQUE

/O/ → [o] et [ɔ]

o	au	eau
pot	au	eau
photo	saut	peau
homme	noyau	bureau
pomme	tuyau	chapeau
ô	travaux	nouveau
tôt	chevaux	oiseau
chômage	épaule	ciseaux

+ *emprunts à l'anglais* : football – crawl – toast – etc. / + oignon – encoignure
+ rhum – album – opium – maximum – minimum.

/Œ/ → [ø] et [œ]

e	eu	œu - œ	c ou g + ue
le	peu	sœur	cueillir
je	mieux	bœuf	accueil
ne	heureux	œuf	cercueil
dessus	peureuse	cœur	écueil
refaire	auteur	œuvre	orgueil
genou	coiffeur	mœurs	
devenir	électeur		
jeter	deuil	+ œil	
peler	feuille		

+ monsieur / + *quelques formes du verbe faire* : nous faisons – faisant – bienfaisant
+ *emprunts à l'anglais* : trust – bluff – flirt – lunch – punch – blazer – bulldozer – etc.

/E/ → [e] et [ɛ]

e + accent	e + consonne prononcée	er # – ez # es # – et #	ai/ay	ei/ey
é		**er #**	**ai**	**ei**
thé	avec	parler	gai	seize
marché	index	février	paix	neige
météo	sept	**ez #**	frais	seigle
è	terre	parlez	maison	peiner
mère	cette	assez	paisible	enneigé
poète	cesse	**es #**	faire	Seine
progrès	celle	mes	français	pleine
ê	Isabelle	des	plaine	**ey**
bête	trompette	**et #**	**ay**	trolley
enquête	perdu	bouquet	payer	volley
ë	personne	poulet	crayon	poney
Noël	rester	secret	abbaye	

+ il est.
+ dolmen – amen – specimen – pollen – idem – requiem.

CHAPITRE /A/ 5

En français standard, l'opposition de [a] et de [ɑ] a pour ainsi dire dis-paru. Déjà le linguiste André Martinet le notait en 1945. Nous ne la traite-rons pas. Cependant on peut encore l'entendre ici ou là en France ou dans les pays francophones.

■ IDENTITÉ

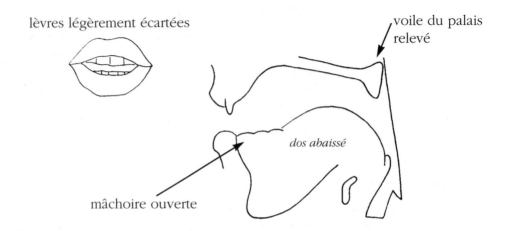

lèvres légèrement écartées

voile du palais relevé

dos abaissé

mâchoire ouverte

[a] : voyelle antérieure, mi-basse/mi-ouverte, non arrondie, orale.

■ COULEURS SONORES

/A/ Voix appelant de plus en plus fort : « Anna ! Anna ! Anna ! »

■ MOTS-OUTILS, MOTS UTILES

/A/ à – ma – ta – sa– car – par – là – ça – pas – déjà
toi – moi – soi

■ SENSIBILISATION

1. *Écoutez et regardez la carte des massifs montagneux.*

■ INTONATION ET ARTICULATION

2. *Répétez.*

– Lave-moi ça.

– Passe-moi ça.

– Ramasse-moi ça.

– Cache-moi ça.

– Prépare-moi ça.

– Ne va pas là.

– Ne parle pas de ça.

– Ne casse pas ça.

– Ne m'agace pas avec ça.

– Ne marche pas comme ça.

3. *Répétez.*

– Ça va, le moral ?

– Ça marche, ton travail ?

– Ça passe, ce mal ?

– Ça s'aggrave, son cas ?

– Ça va à la Fac ?

– Ça va à la Fac ou ça ne va pas ?

– Ça va à la Fac ou ça ne va pas, madame ?

4. *Répétez.*

- Tu vas où ? – À Panama ? À Java ? À Sumatra ? À Calcutta ? Aux Bahamas ?

- Ça se passe où ? – À la gare ? Au comptoir ? Dans un bar ? Dans un car ? Sur le trottoir ?

5. *Écoutez puis rejouez les dialogues.*

1. « Tu rentres tard ?	→	Non, pas tard. »
2. « On passe par là ?	→	Non, pas par là. »
3. « On se gare là ?	→	Non, pas là. »
4. « Tu vas parler de ça ! ?	→	Non, pas de ça ! »
5. « Il s'adapte mal ?	→	Non, pas trop mal. »
6.« C'est pour moi ?	→	Non, pas pour toi. »

6. **L'arche de Noé.**

Faites l'inventaire des animaux qui entrent dans l'arche de Noé.

Un âne ;

Une vache, un âne ;

Un chat, une vache, un âne ;

Une caille, un chat, une vache, un âne ;

Un rat, une caille, un chat, une vache, un âne ;

Une girafe, un rat, une caille, un chat, une vache, un âne.

■ ENTRAÎNEMENT ARTICULATOIRE

▲ **7.** **Suffixation.**

Formez les dérivés.

- « -able » → [abl]

aimer	→	aimable	habiter	→	habitable
admirer	→	....	discuter	→	....
manger	→	....	laver	→	....
adorer	→	....	accepter	→	....

- « -age » → [a : ʒ]

bavarder	→	bavardage	masser	→	massage
garer	→	....	laver	→	....
passer	→	....	hériter	→	....
entourer	→	....	barrer	→	....

- « -âtre » → [a : tR]

noir	→	noirâtre	blanche	→	blanchâtre
douce	→	....	jaune	→	....
rouge	→	....	grise	→	....
rose	→	....	bleu	→	....

8. ***Ne nasalisez pas le* [a] *devant une consonne nasale.***

– face – fade – faille – femme
– passe – patte – paille – pagne
– race – rate – raille – rame
– l'as – latte – l'ail – lame
– masse – mate – maille – manne
– casse – caille – canne

9. ***Ne changez pas le timbre de* [a] *devant* [ʀ] *et* [l].**

– cas – car – carte – calme
– à – art – arme – Arles
– bas – bar – barque – balle
– pas – par – parc – palme
– tas – tard – Tarbes – talc
– gars – gare – gale – galbe

10. ***Gardez le même timbre au* [a] *en position accentuée et inaccentuée.***

salade	cascade	almanach
malade	cardiaque	cataplasme
capable	camarade	carnaval
façade	acacia	mascarade

▲ **11.** [ɛ] / [a]

Observez, dans ces mots de même racine, l'alternance vocalique.

[ɛ]		[a]	[ɛ]		[a]
sel	→	salin	attrait	→	attraction
mer	→	marin	mère	→	maternel
clair	→	clarté	père	→	paternel
chair	→	charnel	frère	→	fraternel
lait	→	lacté	je sais	→	nous savons
naître	→	natal	j'ai	→	nous avons
réel	→	réalité	je vais	→	nous allons

12. **Paires minimales : [ɛ] / [a] / [ɔ].**

Ne confondez pas.

– sel	sale	sol	– baisse	basse	bosse
– pelle	pale	Paul	– nette	natte	note
– mêle	mal	molle	– dette	date	dot
– terre	tard	tort	– bête	batte	botte
– fer	phare	fort	– sec	sac	soc
– air	arrhes	or	– bègue	bague	bogue
– caisse	casse	cosse	– chèque	chaque	choc

À bas les gagas
les fadas
et les flagadas

À bas les blablas
les tralalas
et le charabia

À bas le gras
À bas les rats
et le sparadrap

À bas les lois
les rince-doigts
les rabat-joie

À bas les oies
les pattes d'oies
et le pas de l'oie.

M_L

■ CODE PHONOGRAPHIQUE

/ A /	
a	**-emment**
papa	prudent → prudemment
ami	différemment
classe	violemment
passe	évidemment
partir	fréquemment
banal	intelligemment
marcher	
paille	
bailler	
â	
pâte	
hâte	
théâtre	
âge	
à	
à	
là	
voilà	

+ femme et solennel.

/ WA /
oi
moi
toi
loi
voici
boire
bonsoir
croire
poire
oî
croître

+ poêle – moelle.

Prononciation de « ai » et « aï »			
[ɛ]	**[aj]**	**[aj]**	**[ai]**
paix	paille	aïeul	haïr
raie	rail	glaïeul	naïf
baie	bail	faïence	caïd
quai	caille	païen	maïs
maigre	maille		mosaïque
taire	taille		
paire	paille		
aile	ail		
je hais			

CHAPITRE [ɑ̃] – [ɔ̃] – /Ẽ/ 6

■ IDENTITÉ

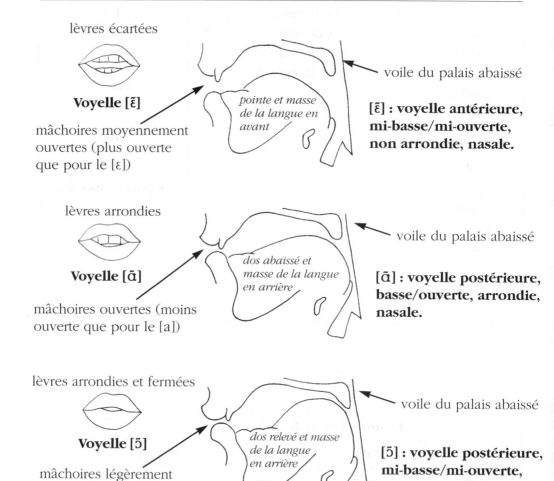

lèvres écartées

Voyelle [ɛ̃]

mâchoires moyennement ouvertes (plus ouverte que pour le [ɛ])

pointe et masse de la langue en avant

voile du palais abaissé

[ɛ̃] : voyelle antérieure, mi-basse/mi-ouverte, non arrondie, nasale.

lèvres arrondies

Voyelle [ɑ̃]

mâchoires ouvertes (moins ouverte que pour le [a])

dos abaissé et masse de la langue en arrière

voile du palais abaissé

[ɑ̃] : voyelle postérieure, basse/ouverte, arrondie, nasale.

lèvres arrondies et fermées

Voyelle [ɔ̃]

mâchoires légèrement ouvertes (plus fermée que pour le [ɔ])

dos relevé et masse de la langue en arrière

voile du palais abaissé

[ɔ̃] : voyelle postérieure, mi-basse/mi-ouverte, arrondie, nasale.

■ COULEURS SONORES

[ɑ̃] 100 F, 150 F, 200 F, 250 F, 300 F. Adjugé ! (Coup de marteau.)

[ɔ̃] Allô ! non, non, non, non. (Variations.)

/Ẽ/ **[ɛ̃]** « Tiens, tiens, tiens, tiens ! »
[œ̃] « Un ! deux ! un ! deux ! un ! deux ! »

■ SENSIBILISATION ET DISCRIMINATION

1. *Écoutez l'énumération des prénoms.*

[ã] Christian – Jean – Armand – Roland – Ferdinand – Bertrand – Clément – Laurent.

[ɔ̃] Simon – Gaston – Yvon – Edmond – Raymond.

[ɛ̃] Martin – Augustin – Firmin – Alain – Sylvain – Germain – Lucien – Sébastien.

2. **Opposition masculin / féminin.**

Quelle suite entendez-vous ? Cochez la case correspondante.

	Masculin / féminin		**Féminin / masculin**	
Exemple :	*Jean / Jeanne*	☒	*Jeanne / Jean*	☐
1.	Martin / Martine	☐	Martine / Martin	☐
2.	cousin / cousine	☐	cousine / cousin	☐
3.	comédien / comédienne	☐	comédienne / comédien	☐
4.	les miens / les miennes	☐	les miennes / les miens	☐
5.	champion / championne	☐	championne / champion	☐
6.	Simon / Simone	☐	Simone / Simon	☐
7.	chacun / chacune	☐	chacune / chacun	☐
8.	un / une	☐	une / un	☐

3. *Écoutez l'enregistrement et cochez la nasale par laquelle se termine les noms d'habitants des provinces ou régions suivantes.*

	[ã]	[ɔ̃]	[ɛ̃]
Bretagne		x *(Breton)*	
Languedoc			
Poitou			
Berry			
Anjou			
Normandie			
Alsace			
Bourgogne			
Occitanie			
Gascogne			

4. *Dans quel ordre entendez-vous les mots de chaque ligne ?*

	1. [ã]	2. [ɔ̃]	3. /Ɛ̃/ [ɛ̃]	[œ̃]	Ordre
Exemple :	*an* *paon*	*on* *pont*	*pain*	*un*	*1-2-3* *3-2-1*
À vous :	temps	ton	teint		....
	banc	bon	bain		....
	dans	dont	daim		....
	gant	gond	gain		....
	faon	fond	faim		....
	cent	son	sain		....
	gens	jonc		jeun	....
	ment	mon	main		....
	lent	long	lin		....
	rang	rond	rein		....

■ MOTS-OUTILS, MOTS UTILES

[ã] en – pendant – sans – dans – tant – quand – quant à – avant – entre – comment ? – en …ant.

[ɔ̃] on – donc – mon – ton – son – sont – non – dont – contre – selon – sinon – c**om**bien.

/Ɛ̃/
  [ɛ̃] bien – rien – comb**ien** – le mien – le tien – le sien – moins – loin.
  [œ̃] un – chacun – quelqu'un – aucun – quelques-uns.

Remarque : [œ̃] → [ɛ̃], *tendance actuelle de la prononciation.*

I. [ã]

■ DISCRIMINATION

5. **[a] - [ã] : voyelle orale ou voyelle nasale ?**

Écoutez et complétez.

Ce b...... est trop b.... → Ce banc est trop bas.

1. S......-moi ç...... !

2. Où v...... le v...... ?

3. Ce r...... me r...... fou !

4. Il est gr...... et gr...... !

5. Jusqu'...... qu...... ?

6. Le ch...... est dans le ch.......

6. *Écoutez et soulignez les mots qui comportent la voyelle nasale* [ɑ̃].

<u>rang</u> – rame – rend – gramme – grand – flanc – flâne – blâme – blanc – blanche – pan – panne – paon – Jeanne – Jean.

7. *Dans les paires de mots que vous allez entendre, est-ce le premier ou le second qui comporte le son* [ɑ̃] *?*

		1	2
Exemple :	âne / an	......	X
	panne / pan	X	......
À vous :	dame / dent	......	......
	femme / faon	......	......
	gramme / grand	......	......
	gitane / gitan	......	......
	vanne / van	......	......
	canne / camp	......	......

■ INTONATION ET ARTICULATION

8. *Répétez.*

– C'est grand ! c'est vraiment grand ! c'est vraiment très grand !

– C'est navrant ! c'est vraiment navrant ! c'est vraiment extrêmement navrant !

– C'est charmant ! c'est vraiment charmant ! c'est vraiment tout à fait charmant !

– C'est énervant ! c'est très énervant ! c'est vraiment très énervant !

– C'est choquant ! c'est vraiment choquant ! c'est vraiment très choquant !

– C'est touchant ! c'est vraiment touchant ! c'est vraiment tout à fait touchant !

9. *Répondez affirmativement, comme dans l'exemple, en reprenant l'adverbe.*

Exemple : « *Tu le rencontres exceptionnellement ?*
      → *Oui, exceptionnellement !* »

À vous :

1. « Tu l'attends tout le temps ? → .... »

2. « Tu y vas rarement ? → .... »

3. « Vous l'entendez souvent sur les ondes ? → .... »

4. « Vous la voyez fréquemment ? → .... »

5. « Tu le croises de temps en temps ? → .... »

10. ***Écoutez chaque mini-dialogue, puis reprenez la réplique proposée et son intonation (atténuation).***

1. *« C'est fatigant ?* → *Pas vraiment, vraiment. »*

2. « Il vient souvent ? → .... »

3. « Il est méchant ? → .... »

4. « Tu le trouves amusant ? → .... »

5. « C'est très fréquent ? → .... »

---

11. ***Reformulez les interrogations plus familièrement.***

Exemple : *Comment te sens-tu ?* → *Tu te sens comment ?*
À vous :

1. Comment t'y prends-tu ? → ....

2. Comment le comprends-tu ? → ....

3. Comment le ressent-elle ? → ....

4. Comment y va-t-on ? → ....

---

12. Liaison-Enchaînement.

Écoutez et notez les liaisons, puis reprenez les phrases.

Exemple : *En août ou en septembre ?*

À vous :   – En mars ou en avril ?

– En un jour ou en deux ?

– En partant ou en arrivant ?

– Tu en as assez ou tu en veux encore ?

– En avion ou en train ?

– En Europe ou en Amérique ?

– En argent, en or ou en bronze ?

■ ENTRAÎNEMENT ARTICULATOIRE

13. ***Répétez.***

[a-ã] - [a-ã]	t'attends	t'attends	t'attends
	va-t-en	va-t-en	va-t-en
[ã-a] - [ã-a]	en tas	en tas	en tas
	mandat	mandat	mandat
[ã-ã] - [ã-ã]	en sang	en sang	en sang
	enfance	enfance	enfance

14. *Allongez la voyelle nasale devant la consonne finale (syllabe fermée).*

[ɑ̃]		[ɑ̃:]	[ɑ̃]		[ɑ̃:]
absent	➜	absente	manger	➜	ils mangent
content	➜	contente	changer	➜	il change
lent	➜	lente	danser	➜	ils dansent
grand	➜	grande	penser	➜	il pense
méchant	➜	méchante	mentir	➜	ils mentent

15. Suffixation.

Prononcez les gérondifs des verbes suivants. Notez la liaison si le verbe commence par une voyelle.

danser ➜ *en dansant*   arriver ➜ *en arrivant*

lancer ➜ ....   écouter ➜ ....

comprendre ➜ ....   apprendre ➜ ....

dormir ➜ ....   entrer ➜ ....

parler ➜ ....   entendre ➜ ....

16. Suffixation.

Formez le substantif et l'adverbe à partir des adjectifs donnés. Allongez la voyelle devant [s].

[ɑ̃] **Adjectif** -ant / -ent	[ɑ̃:] **Substantif** -ance / -ence	[amɑ̃] **Adverbe** -amment / -emment
violent	*violence*	*violemment*
élégant	*élégance*	*élégamment*
prudent	....	....
fréquent	....	....
intelligent	....	....
constant	....	....
nonchalant	....	....
abondant	....	....

17. *Répétez ces expressions temporelles. Notez les liaisons et enchaînements, et la chute du « e ».*

– Quand ?	– une fois par an	– maintenant
– Dans combien de temps ?	– de temps en temps	– dans un an
	– régulièrement	– pendant ce temps
– Pendant combien de temps ?	– rarement	– Il y a longtemps.
	– tout le temps	– en un an

■ JEUX POÉTIQUES, JEUX PHONÉTIQUES

Le capitaine Jonathan
Étant âgé de 18 ans
Capture un jour un pélican
dans une île d'Extrême-Orient.

Le pélican de Jonathan
Au matin, pond un œuf tout blanc
Et il en sort un pélican
Lui ressemblant étonnamment.

Et ce deuxième pélican
pond, à son tour, un œuf tout blanc
D'où sort inévitablement
Un autre qui en fait autant.

Cela peut durer pendant très longtemps
Si on ne fait pas d'omelette avant.

Robert DESNOS, « Le Pélican », in *Chantefables, Chantefleurs*, Éd. Gründ.

* * *

Être ange
c'est étrange
dit l'ange
Être âne
c'est étrâne
dit l'âne
Cela ne veut rien dire
dit l'ange en haussant les ailes
Pourtant
si étrange veut dire quelque chose
étrâne est plus étrange qu'étrange
dit l'âne
Étrange est
dit l'ange en tapant des pieds
Étranger vous-même
dit l'âne
Et il s'envole.

Jacques PRÉVERT, « Être ange », in *Fatras*, Éd. Gallimard.

II. [ɔ̃]

■ DISCRIMINATION

18. **[o] - [ɔ̃] : voyelle orale ou voyelle nasale ?**

Écoutez et complétez.

Pose le p...... sur le p....... ➜ *Pose le pot sur le pont.*

1. Où est s...... s...... ? 5. Est-ce un cord...... ou un cord... ?

2. C'est b...... et b...... ? 6. Roul...... le roul...... .

3. Ils f...... un f...... . 7. C'est rigol......, rigol...... !

4. Où v...... les v...... ? 8. C'est un tr......c tr......p gros !

---

19. *Dans les paires de mots que vous allez entendre, est-ce le premier mot ou le second mot qui comporte le son* [ɔ̃] *?*

Exemple : *pont / pomme*

À vous :

	1	2
	X	......
1.	......	......
2.	......	......
3.	......	......
4.	......	......
5.	......	......
6.	......	......

■ INTONATION ET ARTICULATION

20. *Écoutez puis répétez les dialogues.*

1. « *Alors vous venez ?* ➜ *Oui, oui, nous venons, nous venons.* »

2. « Alors vous partez ? ➜ .... »

3. « Alors vous sortez ? ➜ .... »

4. « Alors vous suivez ? ➜ .... »

5. « Alors vous y allez ? ➜ .... »

---

21. *Répétez chaque phrase.*

– Donne-moi donc ton crayon. – Prête-moi donc ton *Monde*.

– Passe-moi donc ton savon. – Présente-moi donc ton oncle !

– Écris-moi donc son nom.

[ɑ̃] - [ɔ̃] - /Ɛ̃/

22. *Allongez régressivement les phrases en respectant l'accentuation.*

C'est un faux-jeton.

Passez-moi l'expression, c'est un faux-jeton.

Il nous a fait faux bond, passez-moi l'expression, c'est un faux-jeton.

Il a raison.

Sur le fond il a raison.

J'ai l'impression que sur le fond il a raison.

Je te demande pardon, j'ai l'impression que sur le fond il a raison.

Pardon, je te demande pardon, j'ai l'impression que sur le fond il a raison.

Il m'a fait honte.

Devant tout le monde, il m'a fait honte.

Quel affront ! Devant tout le monde, il m'a fait honte.

Il n'en est pas question !

Un pantalon trop long, il n'en est pas question !

Un blouson sans bouton et un pantalon trop long, il n'en est pas question !

---

23. *Reprenez l'intonation et les pauses proposées.*

– Bon... reprenons... où en est-on ?... ne mélangeons pas tout... résumons et réfléchissons.

– Allons, voyons, cessons... restons courtois... ne nous parlons pas sur ce ton !

– Bon... continuons... tu as raison, on tourne en rond.

– Dis donc... j'ai l'impression qu'il a trouvé la solution.

– Nous disions donc que... mais que disions-nous donc ?

– Allons bon ! j'ai encore oublié son nom !

– ...À quoi bon répondre !... C'est sans solution !

■ ENTRAÎNEMENT ARTICULATOIRE

24. Suites.

Répétez.

[ɔ] - [ɔ̃] • cordon – poltron – oignon – colon – coton – violon – notion – portion.

• sortons – dormons – sonnons.

[ɔ̃] - [ɔ] • concorde – gondole – confort – pont d'or – compote – bon rhum – bonbonne – ronronne.

• on colle – on note – on nomme – on sonne – on donne – on gomme – on téléphone.

[õ] - [õ] • bonbon – pompom – tonton – plongeon – donjon – jonction.
• plongeons – comptons – montons.
• on compte – on songe – on confond.

---

25. *Allongez la voyelle nasale devant la consonne finale (syllabe fermée).*

	[õ]	[õ:]		[õ]	[õ:]
[sõ]	songer	songe	[ʀõ]	arrondir	ronde
[bõ]	bondir	abonde	[fʀõ]	affronter	affronte
[põ]	éponger	éponge	[mõ]	montrer	montre
[lõ]	allonger	allonge	[fõ]	foncé	fonce

---

26. *Reprenez ces mots en veillant à placer l'accent sur la dernière syllabe.*

2 syllabes	3 syllabes	4 syllabes
union	*émission*	*population*
mission	conviction	révolution
fonction	permission	indication
fiction	rédaction	imitation
pression	impression	augmentation
mention	position	publication

5 syllabes	6 syllabes	7 syllabes
urbanisation	*réorganisation*	*industrialisation*
administration	automatisation	intercommunication
autorisation	identification	démilitarisation
interrogation	disqualification	
interprétation	excommunication	
réalisation	expérimentation	

---

27. Liaison.

Remplacez « mon » par « ton » et « son », comme dans l'exemple. Veillez à la liaison.

Exemple : *mon‿oncle* → *ton‿oncle, son‿oncle*

À vous :

– mon avenir → ....

– mon ami(e) → ....

– mon histoire → ....

– à mon avis → ....

– en mon honneur → ....

■ JEUX POÉTIQUES, JEUX PHONÉTIQUES

Mon amante,

mon amie,

ma mascotte,

mon totem,

mon talisman,

ma manne,

mon chanvre indien,

ma mie,

ma mère,

ma mare aux fées,

mon murmure,

ma musique,

ma mire,

ma vigie,

ma terre,

mon rubis,

mon ruban,

ma rebelle,

ma lumineuse,

mon éclaircie,

mon embellie,

ma ribambelle,

ma moitié,

mon unique,

mon immédiate,

ma millénaire !

Michel LEIRIS, in *Le Ruban au cou d'Olympia*, Éd. Gallimard.

* * *

Le défilé

Ombres sans nombre

nombres sans ombre

à l'infini

au pas cadencé

Nombres des ombres

ombres des nombres

à l'infini

au pas commencé. [...]

Jacques PRÉVERT, in *Fatras*, Éd. Gallimard.

III. /Ẽ/ : [ɛ̃] - [œ̃]

■ DISCRIMINATION

28. **Opposition masculin / féminin : [ɛ̃] / [ɛn].**

Entendez-vous le masculin ou le féminin ?

	[ɛ̃]			**[ɛn]**	
Exemple :	*sain*	☒	*saine*	☒
	ancien	☐	*ancienne*	☒
À vous :	moyen	☐	moyenne	☐
	certain	☐	certaine	☐
	lycéen	☐	lycéenne	☐
	plein	☐	pleine	☐

	[ɛ̃] ou [œ̃]		**[yn]**	
Exemple :	– *C'est un pianiste.*	☒	– *C'est une pianiste.*	☒
	– *C'est un Russe.*	☒	– *C'est une Russe.*	☐
À vous :	– C'est un élève.	☐	– C'est une élève.	☐
	– C'est un instable.	☐	– C'est une instable.	☐
	– aucun artiste	☐	– aucune artiste	☐
	– Prends-en un.	☐	– Prends-en une.	☐
	– un à chacun	☐	– une à chacune	☐
	– des ours bruns	☐	– des ourses brunes	☐
	– des amis communs	☐	– des amies communes	☐

---

29. **Opposition singulier / pluriel : [ɛ̃] / [ɛn].**

Entendez-vous la troisième personne du singulier ou celle du pluriel ?

	[ɛ̃]		**[ɛn]**	
Exemple :	– *il vient*	☒	– *ils viennent*	☒
	– *il se souvient*	☐	– *ils se souviennent*	☒
À vous :	– il tient	☐	– ils tiennent	☐
	– il contient	☐	– ils contiennent	☐
	– il craint	☐	– ils craignent	☐
	– il peint	☐	– ils peignent	☐

■ INTONATION ET ARTICULATION

30. *Écoutez les dialogues, puis répétez la réponse.*

1. « C'est possible.
➡ Mais non, c'est impossible ! »

2. « À mon avis, c'est probable.
→ Mais non, c'est tout à fait improbable ! »

3. « Ici, c'est vivable.
→ Vivable ? mais non, c'est invivable ! »

4. « Je trouve que c'est cohérent.
→ Mais non, c'est incohérent, vraiment incohérent ! »

---

31. *Répliquez en manifestant votre réserve.*

1. « C'est un bon mécanicien. → Un bon mécanicien… »

2. « C'est un bon mathématicien. → Un bon mathématicien… »

3. « C'est un bon comédien. → Un bon comédien… »

4. « C'est un bon médecin. → Un bon médecin… »

5. « C'est un bon chirurgien. → Un bon chirurgien… »

---

32. **Liaison-enchaînement.**

Répétez les phrases. Marquez les liaisons et les enchaînements.

– *Rien à dire !*

– Rien à faire !

– Rien à voir !

– Rien à emmener !

– *Aucun esprit !*

– Aucun humour !

– Aucun enthousiasme !

– Aucun atout !

– *C'est un imbécile !*

– C'est un incapable !

– C'est un idiot !

– C'est un incorrigible crétin !

– *Aucune imagination !*

– Aucune idée !

– Aucune audace !

– Aucune originalité !

---

33. *Écoutez, puis rejouez le dialogue.*

« J'ai rencontré un martien.

– Un martien ?

– Il est mexicain.

– Mexicain ?

– Il s'appelle Firmin.

– Firmin ?

– Oui, j'ai rencontré un martien mexicain qui s'appelle Firmin. »

34. Opposition singulier / pluriel.

Prononcez le singulier et le pluriel des verbes suivants.

		[ɛ̃]	[ɛɲ]
Exemple :	atteindre	*il atteint*	*ils atteignent*
À vous :	déteindre	....	....
	craindre	....	....
	éteindre	....	....
	contraindre	....	....
	restreindre	....	....

		[ɛ̃]	[ɛn]
Exemple :	venir	*il vient*	*ils viennent*
À vous :	retenir	....	....
	survenir	....	....
	obtenir	....	....
	convenir	....	....
	détenir	....	....

---

35. *Allongez la nasale devant la consonne finale (syllabe fermée).*

			[ɛ̃:]
[pɛ̃]	pincer – pincette	→	pince
[mɛ̃]	mincir – minceur	→	mince
[dɛ̃]	dindon	→	dinde
[gʀɛ̃]	grimper – grimpeur	→	grimpe
[vɛ̃]	vainqueur – vaincu	→	vaincre
[tɛ̃]	teinté – teinture	→	teinte
[sɛ̃]	ceinture – ceinturon	→	ceindre

---

36. Suffixation in / im.

Formez les contraires et vérifiez votre réponse.

[ɛ̃] devant consonne			[i] + [n] ou [m] devant voyelle ou consonne nasale		
prudent	→	*imprudent*	exact	→	*inexact*
buvable	→	....	efficace	→	....
stable	→	....	humain	→	....
suffisant	→	....	utile	→	....
prévisible	→	....	mobile	→	....
correct	→	....	mature	→	....

Remarque : *pour les mots de formation récente commençant par « m » la règle a changé. Le préfixe reste nasalisé devant « m ».*

– mangeable → immangeable [ɛ̃mɑ̃ʒabl]
– mettable → immettable [ɛ̃mɛtabl]
– manquable → immanquable [ɛ̃mɑ̃kabl]

▲ **37. Alternance vocalique.**

Observez dans ces mots de même racine l'alternance vocalique.

[ɛ̃]	[a]	[ɛ̃]	[a]
main →	manucure	nain →	nanisme
faim →	famine	pain →	panier
sain →	sanitaire	bain →	balnéaire
vain →	vaniteux	gain →	gagner

38. Suites.

Répétez.

[ɛ] - [ɛ̃]	[ɛ̃] - [ɛ]	[ɛ̃] - [ɛ̃]
c'est rien	cinq lettres	cinq pains
c'est loin	vingt chaises	quinze vins
c'est le sien	moins de sel !	moins bien
très bien	bien belle	moins loin
sept nains	rien de tel	rien de bien
sept pains	loin d'elle…	bien loin

39. Pour les puristes : [œ̃] - [ɛ̃].

Faites la différence.

– brun [œ̃] et brin [ɛ̃]
– emprunt [œ̃] et empreint [ɛ̃]
– à jeun [œ̃] et Agen [ɛ̃]
– alun [œ̃] et Alain [ɛ̃]
– l'un [œ̃] et lin [ɛ̃]

40. Pour les puristes : [œ̃].

Entraînez-vous à prononcer les mots suivants.

• un – un à un – l'un et l'autre – l'un des deux.
• chacun – quelqu'un – quelques-uns.
• un tribun – un défunt – un parfum – un lundi – des embruns – un punk – une jungle – opportun – commun – humble.

■ JEUX POÉTIQUES, JEUX PHONÉTIQUES

Ce coquin de babouin a besoin d'un bon bain.

*

Papin le rouquin ne craint point les potins.

*

Le chagrin de Martin déteint sur Valentin.

*

Bastien revient d'Amiens et Étienne de Vienne.

M̞L

* * *

Le pays du « ien »

« Ce chien est le mien. »
« Non, c'est le mien. »
« C'est le tien
ou c'est le mien ?
Je n'y comprends rien.
Il a la tête du mien
et les pattes du tien.
Si ce chien est le mien,
ce n'est pas le tien ?
Peut-être bien
qu'il est sous le mien,
car le tien est un petit chien
et le mien est un gros chien. »
« S'il est sous le tien
il ne doit pas être bien ;
pousse donc ton chien,
que je reprenne le mien. »

Michel BÉNAMOU, *Le Moulin à paroles*,
Éd. Hachette.

IV. Reprise : [ã] - [ɔ̃] - /Ẽ/

■ ENTRAÎNEMENT ARTICULATOIRE

41. Paires minimales.

Ne confondez pas.

A. Syllabe ouverte (consonne + voyelle) : cf exercice 4, page 80.
B. Syllabe fermée (consonne + voyelle + consonne) :

1. il pince	il pense	il ponce
2. la teinte	la tente	la tonte
3. Reims	rance	ronce
4. quinte	Kant	conte
5. peindre	pendre	pondre
6. feinte	fente	fonte
7. pinte	pente	ponte
8. mainte	menthe	monte

---

42. Paires minimales en contexte.

Ne confondez pas.

[ã] - [ɛ̃]

– Laurent est lorrain.
– Étends-toi et éteins !
– Romain lit un roman.
– Mon parrain est un parent.

[ɔ̃] - [ã]

– Tu perds ton temps.
– Ma grande amie me gronde.
– Que nous conte Kant ?
– Tu es un démon dément.

[ɔ̃] - [ɛ̃]

– J'aime ton teint.
– Quel bon bain !
– À qui songent les singes ?
– Mets les liens aux lions.

---

43. Suites.

Transformez les phrases suivantes dans un registre plus soutenu.

– *Qu'est-ce qu'on en pense ?* ➜ *Qu'en pense-t-on ?*

– Qu'est-ce qu'on en attend ? ➜ ....

– Qu'est-ce qu'on en apprend ? ➜ ....

– *Quand est-ce qu'on mange ?* ➜ *Quand mange-t-on ?*

– Quand est-ce qu'on rentre ? ➜ ....

– Quand est-ce qu'on danse ? ➜ ....

– *Comment est-ce qu'on s'y prend ?* → *Comment s'y prend-on ?*

– Comment est-ce qu'on le plante ? → ....

– Comment est-ce qu'on s'y rend ? → ....

---

44. **[ɑ̃] - [ɔ̃] - [ɛ̃].**

Répétez.

une maison sans voisin
un bambin sans biberon
du pain sans son
une prison sans gardien
un parfum sans prétention
un champion sans embonpoint
un mensonge sans importance
une rencontre sans lendemain

une aventure interrompue
un pompier incompétent
un garçon intransigeant
un menton insignifiant
un écrivain contemporain
un mondain endimanché
un comportement insolite
une invention ancienne

---

45. **Dictée de chiffres.**

Écrivez en chiffres et en lettres.

....

....

....

....

---

46. *Répétez.*

1. On a onze enfants, dont cinq garçons.
2. On prend donc cinq pains, dont un au son.
3. On a construit quinze ponts, dont cinq en fonte.
4. On a passé vingt ans en France, dont un à Lyon.
5. On a cent lions, dont cinq sans dents.

---

47. *Distinguez par la prononciation et l'intonation les phrases suivantes.*

– T'entends tonton, Tintin ?

– T'entends Tintin, tonton ?

– Tonton t'entend, Tintin.

– Tintin t'entend, Tonton.

– Tintin t'entend et tonton t'attend.

– Tintin t'attend et tonton t'entend.

■ JEUX POÉTIQUES, JEUX PHONÉTIQUES

Pourquoi donc tant de thym dans ce gratin de thon ?

*

Pourquoi donc est-ce long ?
Pouquoi donc est-ce lent ?
de tisser tout ce lin ?

*

Pourquoi donc tout ce sang
tout ce sang sur son sein ?

*

À chacun sa chacune
ronchonnait un beau brun
courant après sa brune
qui s'en était allée rejoindre son galant
dans les marais poitevin.

ML

* * *

Les « in », les « un », les « an », les « on » et le dindon

Personnages : Jean et Gaston.

JEAN : Dans la basse-cour, depuis dimanche, le blanc dindon dont ta tante et toi me fîtes don, lundi dernier, fait la cour à la dinde blanche de mon cousin, fils d'oncle Aron.

GASTON : Ce n'était pourtant pas un lundi, mais bien un vendredi que moi, Gaston, ton cousin, je te fis don d'un blanc dindon dont tu m'apprends qu'il fait la cour, dans la basse-cour, à la blanche dinde dont te fit don l'autre cousin, fils d'oncle Aron, mari de la tante Angèle que tant tu aimes.

JEAN : Gaston !

GASTON : Hein ?

JEAN : Gaston, entends-tu, ne trouves-tu pas, cette conversation pour apprendre à prononcer le son « an », le son « on », le son « in », a l'air con ?

GASTON : Jean, tu as raison. Abstenons-nous-en donc. Quand nous reverrons-nous ?

JEAN : Un de ces lundis.

Eugène IONESCO, in « Exercices de conversation et de diction françaises pour étudiants américains », in *Théâtre V*, Éd. Gallimard.

■ CODE PHONOGRAPHIQUE

/Ẽ/					
in / im	**yn / ym**	**ein**	**ain**	**ien / yen**	**éen**
vin	synthèse	sein	sain	bien	lycéen
cinq	syndical	peint	pain	viens	européen
matin	syntaxe	teinte	humain	ancien	coréen
province	larynx	éteinte	certain	chrétien	
loin	lynx	atteinte	romain	païen	
juin					
	thym			moyen	
simple	nymphe			doyen	
impôt	symphonie			citoyen	
imberbe	symbole				
imbu	symbiose				

+ examen – agenda – appendice – benjamin – sempiternel.

[œ̃]
un / um
un
chacun
brun
jungle
emprunt
parfum
humble
lumbago

[ɑ̃]	
an / am	**en / em**
sang	cent
dans	dent
quand	argent
planter	serpent
confiance	lenteur
ambulance	temps
chambre	exemple
ambiance	embrun

[ɔ̃]
on /om
mon
oncle
donc
monter
union
sombre
plomb
pompier

+ paon – taon – faon – caen.

CHAPITRE 7
Enchaînement vocalique

> *Dans tous les exercices qui suivent, les voyelles en contact appartiennent à deux syllabes différentes à l'intérieur d'un même mot (a-éré, ca-ca-o, sa-ha-ra), ou dans des mots différents (des hamacs, moi et eux). Dans les séries proposées, aucune liaison ne sera réalisée : dans certaines séries parce qu'elle est interdite (#), dans d'autres, parce que nous choisissons le niveau de discours où elle ne se réalise pas (liaison facultative non réalisée), cf. chapitre 9.*
>
> *Il importe :*
> * *de ne pas considérer les deux voyelles consécutives comme des diphtongues ;*
> * *de ne pas faire apparaître un son parasite entre les deux voyelles ;*
> * *de ne pas attaquer fortement les voyelles à l'initiale d'une phrase ou d'un mot ;*
> * *de ne pas marquer la succession des deux voyelles par un heurt entre ces deux voyelles.*

(Dans ce chapitre, seul le premier mot ou phrase de chaque exercice est enregistré.)

■ ENTRAÎNEMENT ARTICULATOIRE

1. /A/ + voyelles.

Répétez.

A. – naïf – maïs – caïd – laïque – haïr – trahir – ébahi – Tahiti – vahiné.
– aéré – aéroport – aérogare – aérien.
– Israël – gaélique.

– cacao – aorte – baobab – chaos – cahot.
– ahaner – Sahara.
– yaourt.
– pharaon – Mac-Mahon.
– Caïn – cahin-caha.

B. – Ça avance.
– Ça augmente.
– Ça heurte tout le monde.
– Ça ouvre tôt.

– Qui l'a examiné ?
– Qui l'a endormi ?
– Qui l'a anesthésié ?
– Qui l'a opéré ?

– à eux
– à elle
– à éviter
– à inventer

– il a eu
– il a été
– elle a accepté
– elle a interdit

– Déjà arrivé !
– Déjà huit heures !
– Déjà à table !
– Déjà au lit !

2. /O/ + voyelles.

Répétez.

A. – prohiber – égoïste.

– coexister – coédition
coéquipier – proéminent
cohérence – cohésion
bohémien.

– Noël – Joël.

– coopérer – coopter
coordonner – cohorte.

– coanimer – cohabiter

– cohue – tohu-bohu.

B. – un mot # utile

– un impôt impopulaire

– un sirop # à la menthe

– un bistrot à la mode

– plutôt # enfantin

– plutôt énervé

– plutôt heureux

– plutôt amusant

– bientôt # émancipé

– bientôt à l'affiche

– bientôt européen

– bientôt au programme

3. /E/ + voyelles.

Répétez.

A. – créer – béer.

– fléau – créole – éolienne.

– béat – péage – théâtre.

– séance – néant – géant
néanmoins.

– lycéen – européen.

– créons – éhonté.

B. Mots commençant par un « h » aspiré (cf. chapitre 8, page 102).

Ne faites pas la liaison.

– des # hamacs – des haches – des haltes – des haillons.

– des hibous – des hippies.

– ces hublots – ces huttes.

– ces houx – ces housses.

– les # héros – des hérons – des haies.

– les haut-parleurs – les homards – les hors-d'œuvre.

C. – moi et # eux

– toi et elles

– Il va et il vient.

– Elle cherche et elle trouve.

– j'ai été

– j'ai eu

– j'ai oublié

– un nez # en trompette

– un arrêt obligatoire

– un procès à huis clos

– un prêt intéressant

– j'ai entendu

– j'ai honte

– j'ai hâte

4. **/Œ/ + voyelles.**

Répétez.

A. **Mots commençant par un « h » aspiré (cf. chapitre 8, page 102).**

- le # hibou – le hippie.
- le héron – le hérisson – le héros – le hêtre.
- le homard – le hoquet – le hockey.
- le hachis – le hachisch – le halo – le hameau.
- le hussard – le hublot – le hurlement.
- le huit.
- le houx – le houblon.
- le Honduras – le Hongrois.
- le hangar – le hand-ball – le handicap.

B.
- peu à peu
- eux et moi
- moi et eux
- eux ou moi
- peu après
- peu aimable
- peu utilisé

C.
- C'est mieux ainsi.
- C'est mieux ici.
- C'est mieux en face.
- C'est mieux ailleurs.
- J'aime mieux y aller.
- J'aime mieux en parler.
- J'aime mieux autre chose.

(Dans cette dernière série, la liaison est facultative mais non réalisée ici.)

5. **[y] + voyelles.**

Répétez.

A. **« h » aspiré**

- du homard – du hareng – du houblon – du houx – du hachis – du hachisch.

B.
- On l'a aperçu ici.
- On l'a attendu une heure.
- Je l'ai vu une seule fois.
- Elle s'est cru oubliée.
- J'ai eu envie d'y aller.
- Elle a vécu en France.
- On l'a su incidemment.
- Ils ont eu honte.
- Elle a obtenu un prix.

6. **Nasales + voyelles.**

Ne faites pas de liaison.

A.
- Une maison # hantée et une maison # en bois.
- Un garçon aimable et un garçon en colère.
- Un jardin ombragé et un jardin en fleurs.
- Un bonbon acidulé et un bonbon au lait.

– Du vin aigre et du vin en bouteille.

– Un volcan éteint et un volcan en éruption.

B. – prompt # à répliquer
– lent à comprendre
– bon à rien
– bon en tout

C. – vraiment # agréable
– vraiment étonnant
– souvent en retard
– souvent irrité

(Dans cette dernière série, la liaison est facultative mais non réalisée ici.)

■ INTONATION ET ARTICULATION

7. *Reprenez les phrases suivantes avec une attaque vocalique douce. Si l'attaque est trop forte, expirez un peu avant de commencer la phrase.*

– Oui ou non ?

– Ici ou ailleurs ?

– Eux ou elles ?

– À eux ou à elles ?

– Un homard ou un hareng ?

– À l'huile ou au beurre ?

– Hier ou aujourd'hui ?

– Ouvert ou entr'ouvert ?

– À Hambourg ou à Anvers ?

■ JEUX POÉTIQUES, JEUX PHONÉTIQUES

Un : – Qui hurle ainsi dehors ? Est-ce une oie ? un hibou ?

Deux : – C'est un Hun ahuri qui hurle ainsi dehors.

Un : – Un Hun hurlant ainsi ? Mais, d'où hurle ce Hun ?

Deux : – Il hurle du haut du houx.

Un : – Du vieux houx de la haie ?

Deux : – Oui, du vieux houx si haut.

Un : – Mais où est donc ce Hun ?

Deux : – Juste au milieu du houx.

Un : – Quel ahuri ce Hun de hurler de là-haut !

Deux : – Hé, vous là-bas le Hun ! Vous tairez-vous enfin ?

Le Hun : – Je suis le Hun du houx
et du haut de mon houx
je hèlerai les Huns
jusqu'à la mi-août.

ML

CHAPITRE 8
Le « h » aspiré

Ce que nous appelons un « h » aspiré en français n'est, en réalité, pas un [h]. Il n'est pas prononcé.
Devant le « h » aspiré, il n'y a ni liaison (les # héros et non les zéros) ni élision (le hêtre et non l'être).

Mots les plus courants

- hache – hacher
  hachette – hachis
- hagard
- haie
- haillons
- haïr – haine
- halage – haler
- hâle – hâlé
- haletant – haleter
- halle
- halo
- halte
- hamac
- hameau
- hamster
- hanche
- hangar
- hanneton
- hanter – hantise
- happer
- haranguer
- harceler
- hardi
- harem
- hareng

- hargne – hargneux
  hargneuse
- harnais
- harpe
- harpon
- hasard – hasarder
  hasardeux
  hasardeuse
- hâte – se hâter
- hausse – hausser
- haut – hauteur
  hautain – hautaine
  hautbois
- havre
- hennir
  hennissement
- hérisson
- héron
- héros*
- herse
- hêtre – hêtraie
- hideux – hideuse
- hiérarchie
- hisser
- hochet – hocher

- holà
- Hollande
  Hollandais
  Hollandaise
- homard
- Hongrie
  Hongrois
  Hongroise
- honte – honteux
- hoquet
- hormis
- hors-d'œuvre
- hotte
- houblon
- houle
- housse
- hublot
- huée – huer
- huit
- hurler
  hurlement
- hutte

* **Attention :**
les héroïnes, l'héroïne.

Tous ces mots sont généralement d'origine germanique.

3ᵉ PARTIE

LIAISONS ET ENCHAÎNEMENTS

CHAPITRE 9
Liaisons et enchaînements

La liaison et l'enchaînement relèvent du même domaine, celui du découpage syllabique, et traduisent une tendance du français à la syllabation ouverte.

L'enchaînement, *est le passage d'une consonne finale, toujours prononcée, dans la première syllabe du mot suivant ;* ***la liaison*** *est l'apparition d'une consonne finale non prononcée, dans la première syllabe du mot suivant.*

L'enchaînement est automatique et concerne toutes les consonnes. La liaison concerne surtout les consonnes [z], [t], [n], *et quelques mots terminés par* [ʀ], [p], [g]. *Elle est obligatoire, interdite ou facultative. Le domaine de la liaison facultative est complexe et fluctuant ; une liaison facultative réalisée traduit toujours un niveau de discours plus soutenu, plus formel ou plus littéraire que si elle n'était pas réalisée. Mais, à l'intérieur de ce domaine de la liaison facultative :*

- *certaines traduisent un niveau de discours très soutenu, voire recherché ; elles sont souvent la marque d'un parler littéraire ou de l'écrit oralisé ;*
- *d'autres restent, tout en marquant un écart, dans le domaine d'un discours standard.*

■ SENSIBILISATION ET OBSERVATION

1. ***Écoutez ce texte et notez les enchaînements et les liaisons réalisés dans l'enregistrement.***

Pour faire le portrait d'un oiseau

Peindre d'abord une cage

avec une porte ouverte

peindre ensuite

quelque chose de joli

quelque chose de simple

quelque chose de beau

quelque chose d'utile

pour l'oiseau

Placer ensuite la toile contre un arbre

dans un jardin

dans un bois

ou dans une forêt

se cacher derrière l'arbre

sans rien dire

sans bouger...

Parfois l'oiseau arrive vite

mais il peut aussi bien mettre de longues années

avant de se décider

Ne pas se décourager

attendre

attendre s'il le faut pendant des années

la vitesse ou la lenteur de l'arrivée de l'oiseau

n'ayant aucun rapport

avec la réussite du tableau

Quand l'oiseau arrive

s'il arrive

observer le plus profond silence

attendre que l'oiseau entre dans la cage

et quand il est entré

fermer doucement la porte avec le pinceau

puis

effacer un à un tous les barreaux

en ayant soin de ne toucher aucune des plumes de l'oiseau

Faire ensuite le portrait de l'arbre

en choisissant la plus belle de ses branches

pour l'oiseau

peindre aussi le vert feuillage et la fraîcheur du vent

la poussière du soleil

et le bruit des bêtes de l'herbe dans la chaleur de l'été

et puis attendre que l'oiseau se décide à chanter

Si l'oiseau ne chante pas

c'est mauvais signe

signe que le tableau est mauvais

mais s'il chante c'est bon signe

signe que vous pouvez signer

Alors vous arrachez tout doucement

une des plumes de l'oiseau

et vous écrivez votre nom dans un coin du tableau.

Jacques PRÉVERT, in *Paroles*, Éd. Gallimard.

Enchaînements	Liaisons
avec une porte ouverte	*un arbre*
....	....
....	....
....	....
....	....
....	....
....	....
....	....
....	....
....	....
....	....
....	....

■ ENTRAÎNEMENT ET ARTICULATION

A. Enchaînement consonantique

2. *Faites passer la consonne finale dans la syllabe suivante.*

Exemple :

sur ➟ [syʀ]   *sur une île* ➟ [sy / ʀy / nil]

entre ➟ [ɑ̃tʀ]   *entre elle et moi* ➟ [ɑ̃ / tʀɛ / le / mwa]

il ➟ [il]   *il est là* ➟ [i / lɛ / la]

À vous :

elle	elle arrive
quelle	quelle histoire
comme	comme avant
même	le même homme
aucune	aucune idée
cet	cet enfant
par	par ici

pour	pour un jour
entre	entre amis
encore	encore une fois
contre	contre un mur
notre	à notre avis
votre	votre âge
quatre	à quatre heures

3. *Respectez bien le découpage syllabique dû à l'enchaînement. Notez cet enchaînement par le signe ⌣ .*

Écoutez :

[p] – *au Cap Horn* ➜ [o / ka / pɔʀn]

  – *Ce type est bizarre.* ➜ [sə / ti / pɛ / bi / zaʀ]

[t] – *un tête à tête* ➜ [ɛ̃ / tɛ / ta / tɛt]

  – *Tu restes ici.* ➜ [ty / ʀɛ / sti / si]

À vous :

[k]	un sac à main	Sa nuque est raide.
[b]	un crabe entier	Ta robe est prête.
[d]	une grande amie	Le monde est fou.
[g]	une bague en or	La drogue est un fléau.
[f]	neuf enfants*	Le surf est à la mode.
[s]	une fausse adresse	Son fils a téléphoné.
[ʃ]	la bouche ouverte	La tache est partie.
[v]	une cave à vin	Il arrive en train.
[z]	une chose à faire	Qui ose y aller ?
[ʒ]	une page entière	Il neige à gros flocons.
[m]	un homme heureux	Tout va comme avant.
[n]	une bonne idée	Tu téléphones encore !
[l]	le bel âge	C'est une sale histoire.
[ʀ]	un fer à repasser	Ça ne sert à rien.
[j]	une vieille armoire	J'ai un conseil à vous donner.

Attention : « *neuf ans* » *et* « *neuf heures* » *se prononcent* [nœvɑ̃] *et* [nœvœʀ].

B. Liaison

LIAISONS OBLIGATOIRES

Dans les exercices suivants, entraînez-vous à faire systématiquement la liaison.

4. *Prononcez bien.*

Exemple :	les arts	comme	*lézard*
	C'est écrit.	comme	*C'est tes cris.*

À vous :	un grand ami	un grand tamis
	c'est assez	cétacé
	son échange	son nez change
	il est ailleurs	il est tailleur
	ces aides	ces « z »
	mon ombre	mon nombre
	en âge	en nage
	ton or	ton nord

5. **Groupe nominal.**

- **Déterminant + nom**

[z] – *Vos amis ont des idées.*
   – Nos invités ont leurs habitudes.
   – Ses études durent plusieurs années.
   – Ces deux hommes sont mes oncles.
   – Certains objets sont aux enfants.

[n] – *Mon ami américain n'a aucun accent étranger.*
   – Il n'a aucun ennui avec son associé.

[t] – *Tout être vivant, tout individu, tout homme est mortel.*

Liaison obligatoire après :

les – aux – des – ces – mes – tes – ses – nos – vos – leurs
quelques – plusieurs – certains – (de) nombreux – quels
deux – trois – six – dix – un – aucun – mon – ton – son – tout.

- **Adjectif + nom**

Singulier	**Pluriel**
[t] *un petit inconvénient*	[z] *les petits inconvénients*
le second étage	les seconds étages
un grand orchestre	les grands orchestres
un grand avocat	de grands avocats

[n] *un bon avocat*
un ancien élève
un certain âge
en plein effort
le Moyen Âge
le Moyen-Orient

[z] *de bons avocats*
ses anciens élèves
certains efforts

[R] *le dernier autobus*
un léger incident
le premier acte

[z] *les derniers autobus*
de légers incidents
les premiers actes

[g] *un long hiver*

[z] *de longs hivers*

---

6. Groupe verbal.

Pronom sujet + verbe

– *Nous arrivons et nous entrons.*
– Si vous écoutiez, vous entendriez.
– Elles insistent trop, elles exagèrent.
– On a su mais on a oublié.
– Ils essayent et ils abandonnent vite.

Verbe + pronom sujet

– *Comprend-il ?*	➡	– *Comprennent-ils ?*
– Où se rend-elle ?	➡	– Où se rendent-elles ?
– Quand part-il ?	➡	– Quand partent-ils ?
– Où dort-on ?	➡	– Où dorment-ils ?
– Que fait-on ?	➡	– Que font-elles ?

> **Remarque :** *les formes sans* [t] *sont dotées d'un* [t] *euphonique transcrit dans l'écriture.*
>
> – *Où mangent-elles ?* ➡ – *Où mange-t-elle ?*
> – *Où vont-ils ?* ➡ – *Où va-t-il ? Où va-t-on ?*
> – *Que pensent-ils ?* ➡ – *Que pense-t-il ? Que pense-t-on ?*
> – *Ont-ils réussi ?* ➡ – *A-t-il réussi ?*

Impératif + en *ou* y

– *Prenez-en.* – Prends-en.   – Manges-en.   – Mangez-en.
– Allez-y.   – Vas-y.

Pronom + pronom + verbe *ou* verbe + pronom + pronom

– *Ils y vont.*   – *Allons-nous en !*
– Nous en avons.   – Allez-vous en !

– Je vous y conduis.

– On les y emmène.

– Nous vous en avons parlé.

– Moquez-vous en !

– Préparez-vous y !

– Souvenez-vous en !

7. Préposition.

[n] **en** un jour – en Italie – en ordre – en écoutant – en hiver – en avant – en or – en argent – en elle.

[z] **dans** un moment – dans une voiture – dans aucun cas – dans une heure.

chez eux – chez elle – chez un copain – chez aucun auteur.

sans eux – sans elles – sans argent – sans appeler.

sous un arbre – sous influence – sous-alimenté.

Liaison obligatoire après :
en – dans – chez – sans – sous.

Remarque : avec les autres prépositions, la liaison n'est pas toujours réalisée.

8. Adverbe + adjectif.

[z] – C'est plus important, plus utile.

– C'est très énervant, très agaçant.

– C'est moins original, moins amusant.

– C'est mieux organisé, mieux indiqué.

– C'est plus agréable, plus accueillant.

[n] – On est bien arrivés et bien installés.

[p] – C'est trop isolé, trop humide.

Liaison obligatoire dans un registre standard ou soutenu :
très – moins – mieux – plus – bien – trop.

Remarque : avec les autres adverbes, la liaison n'est pas toujours faite.

9. Quand (conjonction) / dont.

– Quand elle est là, on l'entend !

– Quand il est 8 heures, dis-le moi.

– Quand on veut, on peut !

– Quand ils viendront, j'irai les voir.

– Quand elle l'a su, elle l'a dit.

– On le fera quand on pourra.

– *Une chose dont on se souvient.*

– Ce dont il parle m'intéresse.

– Une attitude dont on peut s'étonner.

> **Remarque :** *lorsque « quand » est interrogatif, la liaison est interdite (cf. exercice 13).*

LIAISONS INTERDITES

Dans les exercices suivants, vous ne devez pas faire de liaison.

10. **Nom ou pronom (non personnel) + verbe.**

– Ce garçon # arrive à point.
– Simon # a cinq ans.
– Jean # est là.
– Caen # en Normandie.
– L'avion # atterrit.
– Le train # est en retard.
– Quelqu'un # arrive.

– Chacun # à son tour.
– Le mien # est meilleur.
– Ce mot # étonne.
– Le premier # arrivera à 3 heures.
– Le dernier # arrivera à 5 heures.

11. **Nom + caractérisant.**

– un mot # important – un mot # à dire – un mot # assez drôle.
– un cas # unique – un cas # à résoudre.
– une maison # immense – une maison # en ruines.
– un cahier # ouvert – un cahier # à carreaux.
– un restaurant # accueillant – un restaurant # à conseiller.

12. **Interrogatifs : quand, comment, combien de temps + groupe verbal.**

– Quand # est-elle partie ?
– Quand # a-t-il téléphoné ?
– Quand # ont-ils recommencé ?
– Depuis quand # êtes-vous là ?
– Jusqu'à quand # allez-vous rester ?

> **Attention :**
> Quand est-ce qu'elle est partie ?

– Comment # ouvrir la fenêtre ?
– Comment # expliquer ça ?
– Comment # aller à Grenoble ?
– Comment # on va faire ?

> **Attention :**
> Comment allez-vous ?

– Combien # en voulez-vous ?
– Combien # avez-vous d'enfants ?
– Combien # espérez-vous gagner ?
– Combien de temps # est-il absent ?

13. **Interrogation avec inversion du sujet « on ».**

– Qu'a-t-on # à lui demander ?   – Qui a-t-on # invité ?

– Pourquoi a-t-on # enlevé les   – Quand a-t-on # essayé ?
   meubles ?   – Vous a-t-on # expliqué ?

> *Remarque : généralement la liaison n'est pas réalisée avec « ils » ou « elles » (Qui ont-ils # invité ?). En revanche elle est facultative avec « nous » et « vous » (Qui avez-vous‿invité ? ou Qui avez-vous # invité ?).*

14. **Et...**

Ne faites jamais la liaison avec « et » et ce qui suit.

– moi et # elle   – un rouge et # un noir

– toi et # eux   – ici et # ailleurs

– en haut et # en bas   – un café et # un verre d'eau !

– Jean et # Odile   – Il entre et # il sort.

LIAISONS FACULTATIVES

15. *Vous pouvez avoir dans un discours standard un niveau plus ou moins familier. Prononcez les phrases suivantes en réalisant ou non la liaison.*

	+ soutenu		**+ familier**
Exemple :	J'y suis‿allé.	ou	J'y suis # allé.
À vous :	– Tu es invitée.	➜	....
	– Elle est avocate.	➜	....
	– Nous sommes inquiets.	➜	....
	– Vous êtes occupé ?	➜	....
	– Ils sont heureux.	➜	....
Exemple :	Je vais‿essayer.	ou	Je vais # essayer.
À vous :	....	←	– Nous allons y aller.
	....	←	– Ça devait arriver.
	....	←	– Il faut y croire.
	....	←	– Il faudrait accepter.
	....	←	– On peut y réfléchir.
	....	←	– Vous voulez intervenir ?
Exemple :	Ce n'est pas‿impossible. ou		C(e n)'est pas # impossible.
À vous :	– Ce n'est pas ouvert.	➜	....
	– Ce n'est pas admissible.	➜	....

– Elle n'est pas à l'heure. → ....

– Elle n'est pas encore là. → ....

– Elle n'est pas en bonne santé. → ....

– Je ne l'ai pas entendu. → ....

– Je ne l'ai pas encouragé. → ....

---

16. **Enchaînement ou liaison.**

Écoutez puis prononcez les phrases suivantes de deux manières différentes : enchaînement dans un discours courant ; liaison dans un discours plus soutenu.

Enchaînement	Liaison

Exemple : *Nous sommes attendus.* → *Nous sommes attendus.*

À vous :

– Vous êtes incroyables. → Vous êtes incroyables.

– Ils vivent à Rome. → Ils vivent à Rome.

– Ils dorment encore. → Ils dorment encore.

– Ils se déplacent en groupe. → Ils se déplacent en groupe.

– Ils voyagent ensemble. → Ils voyagent ensemble.

– Ces choses-là ne servent à rien. → Ces choses-là ne servent à rien.

■ JEUX POÉTIQUES, JEUX PHONÉTIQUES

Pierre à pierre

Pierre à pierre et pied à pied
Et cœur à cœur et tête à tête
Les beaux jours sont passés

Fil à fil et feuille à feuille
Et un à un et seul à seul
Les jours sont beaux et ne passent pas

Grain à grain corps à corps
Et côte à côte et main à main
Bien malin qui gagnera la bataille

Pierre à grain et seule à un
Et main à cœur et tête à cœur
L'amour est vaste comme le monde

Robert DESNOS, in « 1930-1939 », issu de *Destinée arbitraire*, Éd. Gallimard.

CHAPITRE 10
« e » instable ou caduc

> En français standard le « e » n'est pas toujours prononcé. Il est dit instable, caduc ou muet. Sa réalisation dépend :
> - de la position qu'il occupe dans l'énoncé ou le mot : chute en finale de mot (table, livre) ; maintien du « e » lorsqu'il figure à l'initiale de l'énoncé (ce livre, ne riez pas, que faire ?) et à l'impératif (fais-le, donne-le) ;
> - du nombre de consonnes qui le précèdent : le « e » se maintient en général lorsqu'il est précédé de plus d'une consonne (vendredi) ;
> - du niveau de discours des locuteurs, de la rapidité du débit et des intentions expressives.

■ DISCRIMINATION ET OBSERVATION

1. **Classez les mots : « e » prononcé ou « e » non prononcé.**

changement – gouvernement – appartement – tremblement – équipement – commencement – brusquement – rapidement – exactement – heureusement – généralement – autrement – rarement – prochainement – librement – injustement – samedi – mercredi.

« e » **muet**	« e » **prononcé**
chang∅ment	*gouvernement*
....	....
....	....
....	....
....	....
....	....
....	....
....	....

Remarque : *en général, à l'intérieur d'un mot*
– *le « e » n'est pas prononcé s'il n'est précédé que d'une seule consonne* → [kɔmãsmã] – [ʀapidmã] – [samdi] ;
– *le « e » ne chute pas s'il est précédé de deux consonnes* → [apaʀtəmã] – [tʀãbləmã].

2. *Écoutez et observez la prononciation d'un même mot à l'initiale ou à l'intérieur d'une phrase.*

A	**B**
– *Debout ! Vite !*	– *Tu es d~~e~~bout !*
– Cela est vrai.	– C'est c~~e~~la.
– Le chat ! Le voilà !	– Voilà l~~e~~ chat !
– Ne touche pas !	– Je n~~e~~ touche pas.
– Me coucher ? Volontiers.	– Je n~~e~~ veux pas m~~e~~ coucher.
– Te comprendre ? difficile…	– Tu m~~e~~ comprends…
– Ce soir ?	– Ah non ! pas c~~e~~ soir !
– Que dis-tu ?	– Il dit qu~~e~~ tu mens !

> **Remarque :** *le « e » est généralement prononcé à l'initiale d'un énoncé (mot, syntagme ou phrase)* → [dəmɛ̃] – [ləbys] – [nəparpa].

3. *Écoutez l'enregistrement et barrez les « e » du texte qui ne sont pas prononcés.*

« Allô ?... Ah, c'est toi ?.... Non, tu n~~e~~ me déranges pas… non, non, j~~e~~ t'assure… Je te dis que non… oui, je pars demain… non, pas samedi, demain… Quand je reviens ? Ah, ça, je ne sais pas… cette semaine, ou la semaine prochaine, je ne sais pas… non vraiment, je ne peux pas te le dire maintenant… oui, je te le dirai… Ce sera peut-être possible, je vais voir… Mais oui, je te téléphonerai… oui, dès que j'arriverai… Tu viendras me chercher ?... Bon, d'accord… Mais si, je veux bien… Je te dis que je ne sais pas encore… Écoute, on se rappelle… C'est ça… Oui, oui, je t'embrasse… Au revoir. »

> **Remarque :** *en finale de mot, le « e » ne se prononce pas.*

■ ENTRAÎNEMENT ARTICULATOIRE ET INTONATION

▲ **4.** *Observez.*

Maintien du « e »		Chute possible du « e »
à l'initiale	**après 2 consonnes**	
fenêtre	une fenêtre	la f~~e~~nêtre
chemise	une chemise	la ch~~e~~mise
revue	cette revue	la r~~e~~vue
pelouse	cette pelouse	la p~~e~~louse
demande	une demande	ma d~~e~~mande
neveu	cinq neveux	un n~~e~~veu
repas	sept repas	son r~~e~~pas
demain	pour demain	à d~~e~~main

▲ **5. Verbes en E...ER.**

Observez.

Maintien du « e »		Chute possible du « e »
à l'initiale	après 2 consonnes	
geler	surgeler	congeler – dégeler
peler	interpeller	s'appeler – épeler
celer	harceler – morceler	chanceler – déceler
mener	surmener	amener – emmener
jeter		rejeter
lever		enlever

▲ **6. Mots en E...TÉ.**

Observez.

Maintien du « e » après 2 consonnes	Chute du « e »
opiniâtreté	méchanceté
propreté	naïveté
pauvreté	ancienneté
chasteté	souveraineté
fermeté	légèreté
âpreté	saleté

7. Maintien du « e » à l'initiale.

Observez et répétez.

– Ne dors pas !
– Ne rien dire.
– Ce soir, oui.
– Le matin, non.
– Que faire ?
– Te plais-tu ici ?

– Le rencontrer ? D'accord.
– Me répondrez-vous ?
– Se comprennent-ils ?
– Dehors !
– Revenez plus tard.
– Seriez-vous d'accord ?

Remarque : le « je » échappe à cette règle (cf. exercices 9 et 10).

■ INTONATION ET ARTICULATION

8. *Écoutez, puis rejouez les dialogues. Respectez le nombre de syllabes.*

2 syllabes

« D'accord ?
– Je veux bien. »

« Tout le temps ?
– Rarement. »

« Ça te va?
– Ça me va. »

« Ça t~~e~~ dit ?
– Ça m~~e~~ dit. »

« J~~e~~ te parle.
– J~~e~~ t'entends. »

« Tu l~~e~~ prends ?
– J~~e~~ le prends. »

« Au r~~e~~voir.
– À d~~e~~main. »

« Maint~~e~~nant ?
– Tout d~~e~~ suite. »

3 syllabes

« On s~~e~~ met là ?
– Oui, ça m~~e~~ va. »

« On s~~e~~ voit quand ?
– J~~e~~ te rappelle. »

« Tu n~~e~~ sais rien ?
– J~~e~~ te dis qu~~e~~ non. »

« Ça t~~e~~ convient ?
– Oui, ça m~~e~~ plaît. »

« Ça s~~e~~ trouve où ?
– Je n~~e~~ sais pas. »

« On s~~e~~ dit tu ?
– Ce s~~e~~ra dur. »

« Je t~~e~~ dérange ?
– Pas d~~e~~ problème. »

» Qu'est-c~~e~~ qui s~~e~~ passe ?
– J~~e~~ me l~~e~~ demande. »

4 syllabes

« On s~~e~~ revoit quand ?
– La s~~e~~maine prochaine. »

« Un p~~e~~tit café ?
– Non, j~~e~~ n'ai pas l~~e~~ temps. »

« Ce type est fou !
– C'est c~~e~~ que j~~e~~ t'ai dit. »

« Qu'est-c~~e~~ que nous f~~e~~rons ?
– C~~e~~ que nous voudrons. »

« On pass~~e~~ra d~~e~~main.
– Je s~~e~~rai chez moi. »

« Prête-moi 10 francs.
– J~~e~~ n'ai pas un sou. »

5 syllabes

« J'aim~~e~~rais l~~e~~ rencontrer.
– Il (n) y a rien d~~e~~ plus facile. »

« Il est déjà v~~e~~nu ?
– Je n~~e~~ m'en souviens pas. »

« Il voyage tout l~~e~~ temps.
– C'est c~~e~~ qu'il aime le plus. »

« Qu'est-c~~e~~ que vous prenez ?
– J~~e~~ prendrai un peu d~~e~~ thé. »

« Qu'est-c~~e~~ que tu vas faire ?
– Je n~~e~~ sais pas encore. »

« Je t'en prie, fais-le.
– Non, je n~~e~~ veux pas l~~e~~ faire. »

---

9. Un « e ».

Barrez les « e » non prononcés et répétez les phrases.

me / te / se / le

Exemple : – *Ça m~~e~~ plaît, ça m~~e~~ convient, ça m~~e~~ va.*

À vous : – Ça se passe bien, ça se déroule normalement.

– Ça le perturbe, ça le fatigue.

– Ça te plaira, ça te fera rire.

– On se met où ? On se met là ?

– On le voit quand ? On le voit maintenant ?

– Tu me rappelles quand ? Tu me rappelles demain ?

– On te retrouve où ? On te retrouve dans la salle ?

je

Exemple : — J∉ peux parler ? J∉ voudrais poser une question.

À vous : — Je peux sortir ? Je dois aller téléphoner.

— Je peux commencer ? Je suis pressée.

— Je peux répondre demain ? Je préfère réfléchir.

ne

Exemple : — On n∉ peut pas ouvrir, on n∉ trouve pas la clé.

À vous : — Tu ne peux pas comprendre, tu ne sais pas tout.

— On ne vit pas ici, on ne pourrait pas.

— On ne prend pas de café, on ne dormirait pas.

de

Exemple : — Oh, c'est pas d∉ chance !

À vous : — Zut ! il n'y a plus de place !

— Tiens ! ça ne fait plus de bruit !

— Pfff ! j'ai trop de travail !

— Oh là là ! il y a trop de monde !

le / ce

Exemple : — Passe-moi l∉ sel !

À vous : — Coupe-moi le pain.

— Donne-moi ce couteau.

— Apporte-nous le plat.

— Va nous chercher le fromage.

que

Exemple : — Je sais qu∉ c'est vrai, je sais qu∉ c'est bien, je sais qu∉ tu as raison.

À vous : — On dit que c'est fini, on dit que tu vas partir, on dit que tu quittes tout.

— Je sens que ça l'énerve, je sens que ça l'agace, je sens que ça va mal se passer .

---

10. Deux « e » consécutifs.

A. Écoutez, et barrez les « e » non prononcés.

je ne / ce que

Allô… oui… non… Je ne crois pas… Je ne peux pas… Eh non, je ne peux pas malheureusement… Vous savez ce que c'est… Je ne fais pas ce que je veux… Non, on ne fait pas toujours ce qu'on veut… Non, je vous assure… Je ne peux vraiment pas… Désolée, au revoir.

ne me / ne te / ne le / ne se

Exemple : – On n∉ se téléphone plus, on n∉ se voit plus.

À vous : – Tu ne me dis rien, tu ne me poses pas de questions, tu ne me dis rien.

– On ne se connaît pas bien, on ne se rencontre que rarement.

– On ne te dira rien, on ne te révèlera rien.

ce que

Exemple : – C∉ que c'est joli chez vous !

À vous : – Mmmm, ce que ça sent bon !

– Ohhh ! ce que j'ai sommeil !

– Mmm ! ce que j'ai bien dormi !

– Ah ! ce que nous avons de la chance !

B. **Observez les deux prononciations possibles.**

« Je te » / « je le » / « je me » peuvent se prononcer :

j∉ te / j∉ le / j∉ me	ou	Je t∉ / je l∉ /je m∉
– J∉ te garde une place ?		– Je t∉ garde une place ?
– J∉ te rappelle ?		– Je t∉ rappelle ?
– J∉ le connais ?		– Je l∉ connais ?
– J∉ le garde ?		– Je l∉ garde ?
– J∉ me brûle.		– Je m∉ brûle.
– J∉ me lève.		– Je m∉ lève.

---

11. Trois « e » consécutifs.

A. **Écoutez les dialogues. Comptez les syllabes.**

ce que je

Exemple : « Qu'est-c∉ que tu vas faire ? ➙ 5 syllabes.
➙ Je sais c∉ que j∉ vais faire. » ➙ 5 syllabes.

À vous :

1. « Qu'est-ce que tu vas dire ? ➙ Je sais très bien ce que je vais dire. »

2. « Tu sais ce que tu vas demander ? ➙ Bien sûr, je sais ce que je vais demander. »

3. « Qu'est-ce que vous allez faire ? ➙ Ah ça ! je ne sais pas ce que je dois faire. »

4. « C'est ce que vous pensez ? ➙ Oui, c'est ce que je pense. »

5. « C'est ce que tu veux ? ➙ Oui, c'est ce que je veux. »

6. « C'est ce que tu m'as dit ? ➙ Oui, c'est ce que je t'ai dit. »

B. *Reprenez l'intonation proposée. Barrez les « e » non prononcés.*

> ce que ce / le

Exemple : – *Oh là là ! c¢ que l¢ film est long !*

À vous : – Oh là là ! ce que ce truc m'énerve !

– Oh là là ! ce que ce travail m'embête !

– C'est fou ce que ce bruit est fort !

– C'est fou ce que le temps passe vite !

C. *Observez les deux prononciations possibles.*

« Je te le » peut se prononcer :

J¢ te l¢	ou	Je t¢ le
– J¢ te l¢ jure.		– Je t¢ le jure.
– J¢ te l¢ donne.		– Je t¢ le donne.
– J¢ te l¢ promets.		– Je t¢ le promets.
– J¢ te l¢ garantis.		– Je t¢ le garantis.

---

12. **Dictée.**

Écoutez et écrivez.

....

....

....

....

....

....

....

....

....

....

....

....

....

....

■ JEUX POÉTIQUES, JEUX PHONÉTIQUES

Notez la liberté que prend Boris Vian avec l'orthographe et la prononciation.

Si j'étais pohéteû

Si j'étais pohéteû

Je serais ivrogneû

J'aurai un nez rougeû

Une grande boîteû

Où j'empilerais

Plus de cent sonnais

Où j'empilerais

Mon noeuvreû complait.

Boris VIAN, *Je voudrais pas crever*, Société Nouvelle des éditions Pauvert.

4ᵉ PARTIE

CONSONNES

Leçon de phonétique (suite)

LE MAÎTRE DE PHILOSOPHIE

La consonne D, par exemple, se prononce en donnant du bout de la langue au-dessus des dents d'en haut : DA.

M. Jourdain

DA, DA. Oui ! Ah ! les belles choses ! les belles choses !

LE MAÎTRE DE PHILOSOPHIE

L'F, en appuyant les dents d'en haut sur la lèvre du dessous : FA.

M. JOURDAIN

FA, FA. C'est la vérité. Ah ! mon père et ma mère, que je vous veux de mal.

Molière, *Le Bourgeois gentilhomme*, Acte II, scène IV.

Le système consonantique du français

		MODE D'ARTICULATION										
		Bilabiale	Labio-dentale	Dentale	Alvéolaire	Prépalatale	Palatale	Vélaire	Uvulaire			
Occlusive	Médiane	p		t				k		Sourd	Orale	
		b		d				g		sonore		
		m		n			ɲ				Nasale	
Constrictive			f	s	ʃ					sourd		
			v	z	ʒ	j			R		Orale sonore	
	Latérale			l								
	Médiane	ɥ, w					ɥ	w				

(MODE D'ARTICULATION — à gauche et à droite)

Les modes principaux d'obstruction du conduit vocal sont :

– **l'occlusion** (blocage du passage de l'air : 9/20 consonnes) ;

ou

– **la constriction** (passage de l'air fortement gêné par le resserrement du conduit : 11/20).

• L'occlusion peut se réaliser soit dans la partie médiane du chenal, soit sur le ou les côtés.

• Le conduit vocal a deux modes d'ouverture : l'oralité avec le conduit nasal fermé ou la nasalité avec le conduit nasal ouvert.

• Enfin, selon l'action des cordes vocales dans le larynx, les consonnes sont sourdes ou sonores.

Le système consonantique du français comprend 17 + 3 semi-voyelles ou semi-consonnes.

Deux évolutions majeures sont à remarquer :

   – le [ɲ] tend à n'être prononcé que comme [n + j] ;

   – le [ʀ] n'est plus qu'une simple constrictive réalisée à l'arrière. Il n'est plus vibré.

Les spécifications des consonnes données ici sont celles des formes de base, c'est-à-dire celles que l'on retrouve à l'initiale de mot devant voyelle. Elles peuvent subir des modifications dues au contexte. Ainsi :

   – un [w] peut perdre son voisement dans le suffixe « -isme » ([ism̥]) ;

   – le [w] bilabial peut devenir labiodental dans « une femme fatale » (à cause du [f]).

CHAPITRE [p] - [b] 11

■ IDENTITÉ

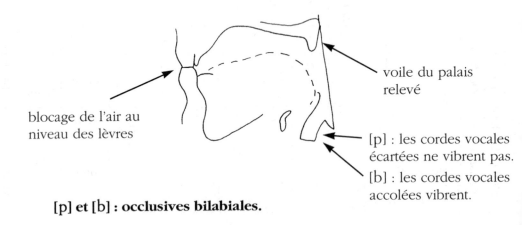

voile du palais relevé

blocage de l'air au niveau des lèvres

[p] : les cordes vocales écartées ne vibrent pas.

[b] : les cordes vocales accolées vibrent.

[p] et [b] : occlusives bilabiales.

■ COULEURS SONORES

[p] Voix d'enfant : « Papa, Papa, Papa… »

[b] Sonnerie du téléphone. Quelqu'un décroche : « Allô ! Bien… bien… bien. »

■ SENSIBILISATION ET DISCRIMINATION

1. *Écoutez et notez devant chaque prénom et nom de famille, la consonne entendue : [p] ou [b] ?*

Exemple :   « *Paul Bernard.*   – *Présent !* »

À vous :   « …auline …ertin.   – Présente ! »

« …arbara …age.   – Présente ! »

« …rigitte …aturel.   – Présente ! »

« …atrice …etit.   – Présent ! »

« …ierre …oulin.   – Présent ! »

« …runo …erger.   – Présent ! »

« …asile …ichon.   – Absent ! »

2. *Écoutez chaque série de trois syntagmes. Parmi ces syntagmes, deux sont semblables. Lesquels ? Entourez les chiffres qui leur correspondent.*

Exemple : *la poule blanche – la boule blanche – la boule blanche*

| | 1 | ② | ③ |

À vous :

1.	1	2	3
2.	1	2	3
3.	1	2	3
4.	1	2	3
5.	1	2	3
6	1	2	3
7.	1	2	3
8.	1	2	3

3. *Dans les séquences enregistrées, entendez-vous :*
[p] - [p], [b] - [b], [p] - [b] **ou** [b] - [p] ?

Exemple : – *une bière brune* ➜ **b - b**

 – *un pont en bois* ➜ **p - b**

À vous :

1.		5. ....
2.		6. ....
3.		7. ....
4.		8. ....

■ MOTS-OUTILS, MOTS UTILES

[p] pas – plus – pour – peu – par – personne – partout – plutôt – pendant – pourtant – parce que – après

[b] bien – beaucoup – bientôt – bien que – combien – en bas – au bord

■ ENTRAÎNEMENT ARTICULATOIRE

4. Opposition sourde / sonore à l'initiale.

Répétez très rapidement les syllabes avec [p] *et* [b] : [p] *plus haut,* [b] *plus grave. Ne produisez pas de souffle après l'explosion.*

bababab a   papapapa

bobobobo   popopopo popopopo

boubouboubou   poupoupoupou

bibibibi   pipipipi

---

5. **[p] - [b] en position finale.**

Distinguez bien les paires de mots suivants par l'explosion de l'occlusion en finale.

[b]			[p]		
l'écu	→	les cubes	les sous	→	les soupes
l'air	→	l'herbe	les ponts	→	les pompes
l'eau	→	l'aube	les cous	→	les coupes
les gens	→	les jambes	les jus	→	les jupes
les bons	→	les bombes	les loups	→	les loupes
les tons	→	les tombes	les rats	→	les rapes
les colons	→	les colombes	les pies	→	les pipes
les bars	→	les barbes	les serres	→	les serpes

---

6. **[p] position initiale et position intervocalique.**

Gardez au [p] intervocalique la même force qu'au [p] initial. Ne prononcez pas [b].

1. Paris / à Paris / pars à Paris / Je pars à Paris.
2. Pau / à Pau / passe à Pau / Je passe à Pau.
3. Pérou / au Pérou / partir au Pérou / Je pense partir au Pérou.
4. Porto / Porto au Portugal / pars à Porto au Portugal / Je pars à Porto au Portugal.
5. Poitiers / peut-être à Poitiers / Il pleut peut-être à Poitiers.

---

7. **Toutes positions.**

Prononcez le [p] et le [b] de la même manière quelle que soit leur position.

[p]			[b]		
pas	appât	happe	bal	tombal	tombe
pont	pompier	pompe	beau	robot	robe
paix	tapais	tape	bon	jambon	jambe
peur	campeur	campe	bain	cubain	cube
pion	lampion	lampe	bis	lobby	lobe

8. Paires minimales.

Ne confondez pas.

Position initiale

banc	**et**	pan	prime	**et**	brime	plan	**et**	blanc
bout		pou	proche		broche	plaît		blet
boule		poule	prune		brune	plomb		blond
bord		port	prise		brise	plate		blatte
bile		pile	proie		broie			
bar		part	praire		braire			
bain		pain	proue		brou			

Position intervocalique

les abats	**et**	les appâts	les bonbons	**et**	les pompons
les rebords		les reports	les bébés		les pépés
les cabots		les capots	les babas		les papas
les débits		les dépits	les bambas		les pampas

9. Suites.

Répétez.

[b] - [b]
une bière brune
un banc bas
un bulletin blanc
un beau blond
une belle bête

[p] - [p]
une pêche pourrie
un panier plein
du papier peint
un plat de pâtes
les petits pois

[b] - [p]
un bon public
la bouche pleine
un bon pain
une belle plante
un brin de paille

[p] - [b]
une page blanche
une porte basse
du pain bis
un pont en bois
une pluie battante

10. Enchaînement.

Faites passer le [b] ou le [p] dans la syllabe suivante.

- *un nabab américain*
- un baobab africain
- un club anglais

- une syllabe accentuée
- un toubib expérimenté
- une robe à fleurs

– *une crêpe au beurre*
– une étape importante
– une nappe en coton

– une lampe à huile
– une coupe en cristal
– une soupe au pistou

11. Liaison.

Faites la liaison (langue standard soutenue).

– *C'est trop important.*
– C'est trop aléatoire.
– C'est trop ennuyeux.
– Il est trop autoritaire.
– Vous êtes trop inquiet.

– *Il y a beaucoup à faire.*
– Il y a beaucoup à dire.
– J'ai beaucoup à apprendre.
– Il a beaucoup insisté.
– Ce projet m'a beaucoup intéressé.

12. Géminées.

Allongez la durée de l'occlusion.

[b]	[p]
– une robe bleue	– Ne coupe pas.
– un club belge	– Ça ne s'attrape pas.
– un toubib bizarre	– Ça ne se développe pas.
– Il s'exhibe beaucoup.	– Ne le frappe pas.
– Tu tombes bien.	– C'est un type pénible.

13. Groupes consonantiques.

Écoutez.

	[bl]	[pl]	[bʀ]	[pʀ]
Position finale	table	souple	sobre	Chypre
	capable	couple	octobre	câpre
Position intervocalique	tableau	appeler	cabri	opprimer
	noblesse	complet	abricot	apprécier
Position initiale	bleu	plaire	bras	pré
	blémir	placard	branche	prime

[pt] : apte – rapt – inapte – opte – adopte – abrupt

■ INTONATION ET ARTICULATION

14. [p] : position finale.

Faites bien exploser la consonne finale.

– Vas-y tape ! tape ! tape !
– Frappe ! mais frappe !
– Vas-y grimpe ! grimpe !

– Allez, attrape ! attrape !
– Allez galope, galope, galope !
– Ça va stop, stop, stop !

15. *Chuchotez ces phrases, comme dans l'enregistrement, pour ne pas sonoriser le* [p] *ou diminuer son souffle.*

– Je ne peux pas parler plus fort.

– Tu pourrais me passer ta copie ?

– Pourquoi tu pleures ?

– Pas de bruit ! Chut ! Les parents se reposent.

– Passe-moi la pince pour percer la porte du coffre.

– J'ai peur ! Il n'y a personne ! Prends-moi la main.

16. *Répétez en articulant distinctement.*

– Pourquoi le bois brûle-t-il ?

– Pourquoi les plantes poussent-elles ?

– Pourquoi les bébés bavent-ils ?

– Pourquoi la pluie tombe-t-elle ?

– Pourquoi le plomb pèse-t-il ?

– Pourquoi les puces piquent-elles ?

– Pourquoi les arbres bourgeonnent-ils ?

– Pourquoi les poules picorent-elles ?

■ JEUX POÉTIQUES, JEUX PHONÉTIQUES

Proverbes faisant usage de [p] et de [b].

Proverbe bébé :
Si bébé babille, bébé heureux.

Proverbe bègue :
Ne papa ne papa ne parle pas pour papa pour papa pour parler.

Proverbe populaire (et sa variante) :
Mieux vaut la pomme sans la peau que la peau sans la pomme.
Mieux vaut la pulpe que les pépins.

Proverbe barbare :
Chez les barbares point de pitié.
Dans tout bipède, une bête sommeille.

Proverbe bovin :
Un bovin dans un beau pré,
pour les bambins du bon lait.

Proverbe papou :
Quand les papas papous pouponnent, les mamans papous
bougonnent.

À bord d'un beau paquebot, à la poupe à babord, un bon pape et un pope,
la pipe au bec, papotent. Le pape s'appelle « Pie » et le bon pope « Paul ».
Paul et Pie donc papotent, barbe au vent, pipe au bec.
« Les oiseaux pépient bien », dit le pape Pie à Paul.
« Et les bébés babillent », réplique Paul à Pie.
« Et nous, nous papotons », poursuit le pape Pie.
Et ils papotent encore, barbe au vent, pipe au bec, à bord du beau
paquebot, à la poupe à babord.

ML

* * *

Le pêcheur mélancolique

Pauvre pêcheur persévérant, persiste patiemment pour prendre petits poissons.
Par précaution, partant pêcher prends paletot, par-dessus, pliant,
puis parapluie, préservant parfaitement pendant pluie.
Par prudence prends panier point percé, pour pas perdre petits poissons
pêchés pendant période permise par préfet.
Pour pitance, prends : pain, pâté, parmesan, pommes, poires, pêches,
pruneaux, plus petit pot parfaite piquette.
Poches pleines par plusieurs pâtes pectorales pour poumons.
Puis, pars pédestrement, pour pêcher, par prairie,
perdant pourtant pas pipe pendant parcours.

Fonds populaire recueilli en Isère par René REYMOND, *L'Insolite et images fortes du passé*, édité par l'auteur. (D.R.)

* * *

Balbutié bientôt par le bambin débile
Le B semble bondir sur sa bouche inhabile ;
D'abord il l'habitue au bon-soir, au bon-jour ;
Les baisers, les bonbons sont brigués tour à tour.
Il demande sa balle, il appelle sa bonne ;
S'il a besoin de boire, aussitôt il ordonne ;
Son babil par le B ne peut être contraint,
Et d'un bobo, s'il boude, on est sûr qu'il se plaint. […]

Antoine-Pierre-Augustin de PILS, *Harmonie imitative de la langue française* (1785).

■ CODE PHONOGRAPHIQUE

[p]		[b]	
p	**pp**	**b**	**bb (rare)**
papa – parc	appeler – apporter	bébé	(quelques mots)
plume – spécial	appartement	brebis	abbé
épreuve – pipe	hippopotame	baobab	abbaye
cap	rappel	abus – timbre	

CHAPITRE [t] – [d] 12

■ IDENTITÉ

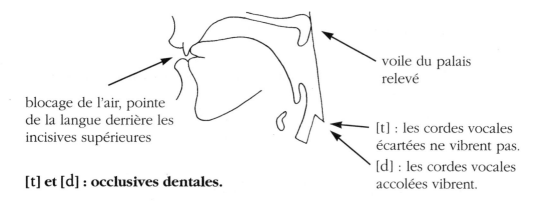

voile du palais relevé

blocage de l'air, pointe de la langue derrière les incisives supérieures

[t] : les cordes vocales écartées ne vibrent pas.

[d] : les cordes vocales accolées vibrent.

[t] et [d] : occlusives dentales.

■ COULEURS SONORES

[t] « Chut ! Tais-toi ! »

[d] Air de berceuse chantonnné. Une voix : « Dodo, dodo ».

■ SENSIBILISATION ET DISCRIMINATION

1. *Écoutez ce refrain du chanteur Bobby Lapointe.*

« T'as pas, t'as pas, t'as pas tout dit
T'as pas tout dit à ta Doudou,
T'as des doutes et t'y dis pas tout,
Et qui c'est qui l'a dans le dos ? Toi ! »

Bobby LAPOINTE, *T'as pas, t'as pas tout dit*, Éd. Tutti (D.R.).

2. *Notez, pour chaque paire de mots entendus, s'ils sont identiques ou différents.*

Exemple : *thé – dé* ➜ ≠		*terre – terre* ➜ =	
À vous :			
1.	4.	7.	10. ......
2.	5.	8.	11. ......
3.	6.	9.	12. ......

3. *Notez pour chaque séquence enregistrée les consonnes que vous entendez à l'initiale des mots.*

    Exemple : *deux thés* → *d - t*
                   deux dés → *d - d*

    À vous :   1. ......   2. ......   3. ......   4. ......   5. ......

                       6. ......   7. ......   8. ......   9. ......   10. ......

■ MOTS-OUTILS, MOTS UTILES

> **[t]** tu – te – toi – tes – tout – tous – tant – toujours – tellement – très – trop – ensuite
>
> **[d]** du – de – des – dans – dedans – dehors – devant – derrière – dessus – dessous – donc – dont

■ ENTRAÎNEMENT ARTICULATOIRE

4. Opposition sourde / sonore à l'initiale.

Répétez très rapidement les syllabes avec [t] et [d]. Ne produisez pas de souffle après l'explosion.

tatatatata	dadadadada
tétététété	dédédédédé
tititititi	didididididi
totototototo	dododododo
toutoutoutoutou	doudoudoudoudou

5. [t] - [d] en position finale.

Faites entendre l'explosion du [t] et du [d] en position finale sans toutefois prononcer avec trop de force.

A. *Passez du masculin au féminin en faisant entendre la consonne finale. Allongez la voyelle nasale devant [d] et [t].*

[d]			**[t]**		
blond	→	*blonde*	*méchant*	→	*méchante*
chaud	→	....	intelligent	→	....
froid	→	....	complet	→	....
grand	→	....	idiot	→	....
pataud	→	....	ingrat	→	....
rond	→	....	immédiat	→	....

B. *Passez du singulier au pluriel en faisant entendre la consonne finale.*

[d]			[t]	
Il attend.	→ *Ils attendent.*		*Il part.*	→ *Ils partent.*
Il descend.	→		Il sort.	→ ....
Il perd.	→		Il ment.	→ ....
Elle répond.	→		Elle sent bon.	→ ....
Elle confond.	→		Elle se met là.	→ ....
Elle se défend.	→		Elle se remet.	→ ....

C. *Passez du verbe au nom, puis du nom au verbe.*

[dʀ]		[t]		[t]		[dʀ]
craindre	→	*la crainte*		*l'entente*	→	*entendre*
feindre	→	la		la fonte	→	....
plaindre	→	la		la teinte	→	....
contraindre	→	la		la descente	→	....
attendre	→	l'		la détente	→	....
vendre	→	la		la perte	→	....
tondre	→	la		la ponte	→	....

---

6. **Position initiale et position intervocalique.**

Prononcez le [d] *intervocalique avec la même tension que le* [d] *à l'initiale. Ne prononcez pas* [ð].

– dé dé dé détendu. Il est détendu.
– dé dé dé détrompé. On l'a détrompé.
– dé dé dé déteindre. Ça a déteint.
– dé dé dé détacher. C'est difficile à détacher.
– dé dé dé déterrer. C'est difficile à déterrer.

– de de de dessus dessous. Je le mets dessus ou dessous ?
– de de de dehors dedans. C'est caché dehors ou dedans ?
– de de de devant derrière. Je me place devant ou derrière ?

---

7. **Paires minimales.**

Ne confondez pas.

Position intervocalique

– C'est tout.   **et**   C'est doux.
– Il a tort.   Il adore.

– Il a été.   Il a aidé.
– Quel grand râteau !   Quel grand radeau !
– Ne le touche pas.   Ne le douche pas.
– Ne t'entête pas.   Ne t'endette pas.
– Il a un beau teint.   Il a un beau daim.
– Jette le thé.   Jette le dé.

Position finale

– Ils se vantent.   **et**   Ils se vendent.
– Rends-la vite.   Rends-la vide.
– Je suis contre les rites.   Je suis contre les rides.
– Passe-moi la poutre.   Passe-moi la poudre.
– Je choisis le quatre rouge.   Je choisis le cadre rouge.
– Mets-le dans la soute.   Mets-le dans la soude.

Position initiale

– des tapis	**et**	tes tapis	– du vent	**et**	tu vends
– des tissus		tes tissus	– du thon		tu tonds
– des disques		tes disques	– du vin		tu vaincs
– des doigts		tes doigts	– du pain		tu peins

---

8. **Suites.**

Répétez.

[t] - [t]

un type têtu
un télégramme tendre
un téléphone à touches
un tapis turc
un travail tranquille

[d] - [d]

une drogue douce
un dindon dodu
une digestion difficile
un directeur dynamique
un domestique dévoué

[t] - [d]

un thé dansant
une terrible découverte
une toilette distinguée
un traducteur doué
un train direct

[d] - [t]

un dîner en tête-à-tête
un despote tyrannique
un destin tragique
un drapeau tricolore
un diplomate timide

---

9. **Enchaînement.**

Faites passer le [t] et le [d] dans la syllabe suivante.

[t]

– *une date à retenir*

[d]

– *une attitude égoïste*

– des bottes en cuir
– une cravate en soie
– la « sonate au clair de lune »
– une minute interminable

– une étude intéressante
– une période électorale
– une façade illuminée
– un stade olympique

---

10. Géminées [d].

Distinguez bien les phrases de la série 1 et de la série 2 par l'allongement de l'occlusion du [d].

Série 1
– Elle vient dîner.
– Je viens dire oui.
– On vient discuter.
– On vient débattre le prix.
– Le jury vient délibérer.

Série 2
– Elle vient de dîner.
– Je viens de dire oui.
– On vient de discuter.
– On vient de débattre le prix.
– Le jury vient de délibérer.

---

11. Géminées [t].

Allongez l'occlusion du [t].

– une fillette timide
– une bête terrible
– une chatte tigrée

– Il chante toujours.
– Ils se quittent tôt.
– Ce sera vite terminé.

---

12. Groupes consonantiques.

Répétez.

Position initiale	**[tʀ]**	trop – très – trac
	[dʀ]	drap – drôle – drogue
	[st]	stage – store – style
Position intervocalique	**[tʀ]**	attrait – étroit – entrer
	[ʀt]	artiste – quartier – certain
	[dʀ]	adroit – adresse – endroit
	[ʀd]	ardu – bordure – mardi
	[kt]	facture – octobre – docteur
	[st]	posture – installer – restaurant
Position finale	**[tʀ]**	quatre – mettre – votre
	[ʀt]	carte – courte – forte
	[dʀ]	cadre – cèdre – coudre
	[ʀd]	garde – corde – lourde
	[kt]	acte – secte – docte

■ INTONATION ET ARTICULATION

13. Liaison verbe + pronom sujet.

Faites la liaison en [t].

- – Que peut-on faire ?
- – Où doit-on s'adresser ?
- – Comment veut-il s'y rendre ?
- – Cela prend-il longtemps ?
- – Où apprend-elle le japonais ?

- – Qui attend-il ?
- – Quand doivent-ils commencer ?
- – À quelle heure pensent-ils revenir ?
- – D'où téléphonent-ils ?
- – Pourquoi n'ont-ils rien dit ?

14. [t] et [d] en position initiale.

Reprenez les intonations proposées.

- – Tout de suite ! J'arrive tout de suite !
- – Trop tard, dommage !
- – Tais-toi, tais-toi, s'il te plaît !
- – Tu as tort, tu as tort !
- – Derrière toi, regarde donc derrière toi !
- – Devant toi ! pas derrière toi ! devant toi !

15. [t] et [d] en position initiale.

Écoutez ces phrases du français oral familier et répétez-les.

- – T'as pas d'fric ? T'as pas dix balles ? T'as pas deux francs ?
- – T'as pas d'boulot ? T'as pas d'travail ? T'as pas d'devoirs ?
- – T'as pas d'difficultés ? T'as pas d'problèmes ?
- – T'as pas d'diplômes ? T'as pas d'titres ?
- – T'as pas d'chance ! T'as pas d'pot !
- – T'as pas d'courage ! T'as pas d'dignité !
- – T'as pas d'délicatesse ! T'as pas d'tact !

Remarque : *notez que la chute du « ne » entraîne celle du « u » de « tu ». Ces chutes ainsi que celle de « e » sont notées par l'apostrophe (').*

Colère
T'es-tu
T'es-tu dit,
Têtu !
Que tu m'importunes ?
Têtu, dis !
Têtu !
T'es-tu dit
Que tu roucoules pour des prunes,
T'es-tu dit,
Têtu,
Que tu m'amuses,
Toi qui muses,
Et que tes muses
M'exaspèrent ?
T'es-tu dit,
Têtu,
Que tu m'uses
Et me désespères ?
Tu dis, têtu, que tu m'aimes ?
Chanson, baratin, poème !
Et que fais-tu,
Fêtu ?
Va-t-en !
Attends,
Têtu !
Que je te dise, moi,
Que tu, que tu,
Que tu me tues
Têtu !
Têtu !
Tais-toi !

Jean DEMEUZES, *La Nouvelle guirlande de Julie*, Éditions Ouvrières.

* * *

Dis donc,
Didon,
dis-moi donc !
ton dindon n'est-il pas
vu du dessous
moins dodu
que tu ne le dis ?
Si ton tonton tond mon tonton,
mon tonton tondu sera.

Yves BRANELLEC

Mais d'où donc ta doudou tient-elle tant de douceur ?

*

« Mon thé t'a-t-il tout ôté ta toux ?
— Oui, ton thé m'a tout ôté ma toux. »

*

Un tapissier
qui tapissait
devant la porte
d'un pâtissier
qui pâtissait.
Le pâtissier
qui pâtissait
dit au tapissier
qui tapissait
de ne pas tapisser
devant la porte
d'un pâtissier
qui pâtissait.

Virelangues et comptines populaires.

■ CODE PHONOGRAPHIQUE

[t]		
t	**tt**	**th**
terre	flotter	thé
tortue	attendre	théâtre
être	attaquer	thèse
contact	carotte	athée
brut		

[d]	
d	**dd**
dormir	addition
debout	reddition
descendre	
dindon	
garder	
monde	

CHAPITRE [k] - [g] 13

■ IDENTITÉ

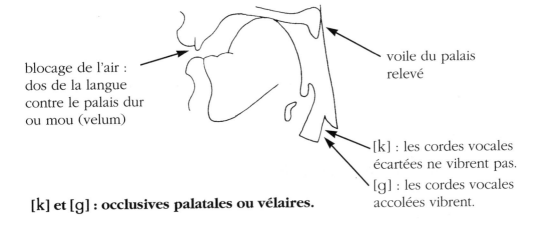

voile du palais
relevé

blocage de l'air :
dos de la langue
contre le palais dur
ou mou (velum)

[k] : les cordes vocales
écartées ne vibrent pas.

[g] : les cordes vocales
accolées vibrent.

[k] et [g] : occlusives palatales ou vélaires.

■ COULEURS SONORES

[k] Bruit d'un liquide versé dans un verre. Une voix : « Encore ! »

[g] « Guili, guili, guili » : rires d'enfant.

■ SENSIBILISATION ET DISCRIMINATION

1. *Lisez et écoutez les expressions idiomatiques suivantes.*
Soulignez d'un trait le son [k] et entourez le son [g].

Écoutez :   – *fort comme un turc*   – *réglé comme une horloge*

À vous :

– méchant comme la gale

– joli comme un cœur

– maigre comme un clou

– orgueilleux comme un paon

– gras comme une caille

– saoul comme une grive

– rapide comme l'éclair

– frais comme un gardon

2. *Dites si les mots prononcés comportent :* [k] - [k] *ou* [g] - [g].
Notez le mot par son numéro dans la colonne appropriée.

	[k] - [k]	[g] - [g]
Exemple :	**1** *(cocon)*	**2** *(gaga)*
	4 *(coquet)*	**3** *(guinguette)*

À vous :

[k] - [k]	[g] - [g]
....	....
....	....
....	....
....	....
....	....
....	....
....	....

3. **Opposition [k] / [g].**

Cochez la phrase entendue.

	[k]		[g]	
Exemple :	*C'est classé.*	☐	*C'est glacé.*	☒

À vous :

	[k]		[g]	
1.	C'est un drôle de cas.	☐	C'est un drôle de gars.	☐
2.	Quels écarts !	☐	Quels égards !	☐
3.	C'est un problème de coût.	☐	C'est un problème de goût.	☐
4.	Il faut l'acquérir.	☐	Il faut l'aguerrir.	☐
5.	Il est à créer.	☐	Il est agréé.	☐
6.	Je vais à Caen.	☐	Je vais à Gand.	☐
7.	Il la cassait.	☐	Il l'agaçait.	☐
8.	Ne l'écoute pas.	☐	Ne l'égoutte pas.	☐

■ MOTS-OUTILS, MOTS UTILES

[k] quand – qui – quoi – quel – que – car – donc – quelque… que – combien – quiconque – quoique – comment – à côté de – à cause de – comme

[g] guère – grâce à – en guise de – malgré

ENTRAÎNEMENT ARTICULATOIRE

4. Sonorité [g].

A. *Percevez la sonorité de la consonne avant de la faire exploser.*

g:oût – g:ond – g:ant – g:ain – g:ai – gu:i

g:are – g:ave – g:az – g:arde – g:ong – gu:êpe – gu:erre – gu:ide

B. *Répétez à rythme rapide les mots suivants.*

– kaki kaki kaki

– coco coco coco

– coucou coucou coucou

– cancan cancan cancan

– coquet coquet coquet

– caquet caquet caquet

---

5. *Faites bien entendre l'explosion du* [g] *et du* [k] *en finale.*

[g]		[k]	
va	vague	la	lac
bas	bague	baie	bec
lit	ligue	c'est	sec
fou	fougue	sou	souk
lent	langue	don	donc
daim	dingue	ment	manque
long	longue	banc	banque

---

6. *Prononcez le* [g] *de la même manière, quelle que soit sa position. Ne relâchez pas le* [g] *en* [ɣ] *à l'intervocalique.*

gars	gag – vague – bague	à la gare – hagard
gai	bègue – collègue	égaie – il est gai
Guy	ligue – figue	anguille – aiguille
goût	fougue	égout – ragoût
gond	gong	lagon – Harpagon
gain	zinc – dingue	mes gains – C'est guindé.

---

7. Paires minimales.

Ne confondez pas.

Position initiale

car	**et**	gare
case		gaz
classe		glace
coûter		goûter
Caen		Gand
croupe		groupe

Position intervocalique

les écarts	**et**	les égards
les paquets		les pagaies
l'écran		les grands
le crin		le grain
les écus		les aigus
les carreaux		les garrots

Position finale

les docks	**et**	les dogues
les bocks		les bogues
les becs		les bègues
les bacs		les bagues
l'ocre		l'ogre
un oncle		un ongle

---

8. Paires minimales en contexte.

Reprenez les phrases suivantes en distinguant bien les mots.

[g] - [k]

– Pas de glace en classe.

– Pas de gars dans ce cas.

– Pas de gaz dans sa case.

– Pas de pagaies dans ce paquet.

– Pas de guerre au Caire.

– Pas de gens gais sur le quai.

– Pas de gueux dans la queue.

– Pas de dogue dans les docks.

[k] - [g]

– Pas de car à la gare.

– Pas de camp à Gand.

– Pas d'écran pour les grands.

– Pas de belle croupe dans ce groupe.

---

9. Enchaînement.

Marquez l'enchaînement consonantique en faisant passer la consonne finale dans la syllabe suivante.

[k]

– *un bac à sable*

– un rock endiablé

– une toque en fourrure

– Il vaque à ses affaires.

– On manque encore de temps.

– Ça pique un peu.

[g]

– *une langue européenne*

– du vague à l'âme

– un collègue agréable

– On se fatigue assez vite.

– Ça se conjugue avec « être ».

– Il se drogue encore.

10. Géminées.

Maintenez l'occlusion du [k] *et du* [g].

[k]	[g]
– *un anorak canadien*	– *la langue gauloise*
– une banque koweitienne	– une bague grecque
– une musique cubaine	– un collègue gallois
– une boutique colombienne	– une pirogue gabonaise
– un lac kenyan	– un champion de ping-pong gambien

11. Suites [g] - [g], [k] - [k].

Prononcez les expressions suivantes puis vérifiez votre prononciation en écoutant l'enregistrement.

– à contre cœur
– à corps et à cris
– bon gré mal gré
– à gogo
– au coup par coup
– cas par cas
– en zigzag
– d'égal à égal
– goutte à goutte
– coûte que coûte

12. Groupes consonantiques.

Répétez.

Position finale	[kʀ]	âcre – massacre – cancre
	[gʀ]	tigre – ogre – bigre
	[kl]	miracle – spectacle – obstacle
	[gl]	épingle – tringle – jungle
Position intervocalique	[kʀ]	accroc – micro – sucrer
	[gʀ]	agrume – aigri – engrais
	[kl]	acclamer – bâcler – nucléaire
	[gl]	Aglaé – cinglé – épingler
Position initiale	[kʀ]	cri – croire – crème
	[gʀ]	gris – gramme – grotte
	[kl]	client – clé – classe
	[gl]	glace – glisser – glousser

■ INTONATION ET ARTICULATION

13. *Reprenez ces phrases interrogatives en articulant nettement, comme dans l'enregistrement. Ne faites pas apparaître de souffle après le* [k].

– Comment et quand vous contacter ?

– Comment maigrir ou grossir ?

– Comment commencer ? Comment conclure ?

– Comment démasquer le coupable ?

– Comment gagner le gros lot ?

– Comment gouverner ?

– Comment convaincre ?

– Pourquoi critiquer ?

– Pourquoi grogner et grommeler ?

– Qui croire ? Que croire ?

---

14. *Répétez avec un très léger décalage les phrases enregistrées.*

– Gargantua* était-il fine gueule ? gourmet ? gourmand ? goulu ? glouton ou goinfre ?

– Était-il maigre ? gras ? gros ou grassouillet ?

– Préférait-il les légumes ou les agrumes ? les plats sans graisse ou les plats gras ? les grillades ou les ragoûts ?

– Dégustait-il ? grignotait-il ? gueuletonnait-il ? se goinfrait-il ou se gavait-il ?

(*) Gargantua, héros de Rabelais (XVIᵉ siècle) est célèbre par sa généreuse nature et son énorme appétit.

---

15. *Écoutez le texte dans son intégralité une première fois, puis reprenez-le en lecture légèrement décalée.*

Guigne, crises, conflits et catastrophes

« J'ai une grippe carabinée, je me suis cassé la clavicule et j'ai mon cœur qui me tracasse.

On m'a piqué ma carte bleue, on m'a bloqué mon compte en banque et c'est la guerre avec le fisc.

Mon fils cadet a découché, mon plus grand fils a fait une fugue et ma compagne veut me quitter.

Mon directeur m'a convoqué, je ne peux plus compter sur mes collègues et pour finir, ça c'est le bouquet, mon perroquet m'a engueulé ! »

[k] - [g]

Sur la lagune glauque et sur le grand canal,
un gondolier galant sur sa gondole glisse comme coule le temps.

Dans un coin de Cordoue, un cordonnier coquin pique,
coud et recoud, colle, colle et recolle des sacs en maroquin.

Dans un coin de campagne, un cantonnier grognon, quelque peu
gringalet, casse, casse et concasse cailloux et gravillons.

Dans une gargotte gasconne, cinq mousquetaires gaillards
engloutissent goulûment un cassoulet fumant.

*

J'aime tout autant.
Cancanner à Caen.
Que faire des gammes à Gand
Ou gambader à Cannes.
J'aime tout autant
Faire des gammes à Cannes
Que gambader à Caen
Ou cancanner à Gand.
J'aime tout autant
Cancanner à Cannes
Que faire des gammes à Caen
Ou gambader à Gand.

M_L

* * *

Kiki était cocotte et Coco concasseur de cacao.
Kiki la cocotte aimait beaucoup Coco le concasseur de cacao.
Or, un marquis caracolant, caduc et cacochyme[1]
conquis par les coquins quinquets[2] de Kiki la cocotte,
offrit à Kiki la cocotte, un coquet caraco[3] kaki à col de Karakul[4].
Quand Coco, le concasseur de cacao s'aperçut que Kiki la cocotte
avait reçu du marquis caracolant, caduc et cacochyme un coquet
caraco à col de Karakul, Coco le concasseur de cacao
conclut : « Je clos mon caquet, je suis cocu. » Voilà !

(1) cacochyme : maladif.
(2) quinquets (*fam.*) : yeux.
(3) caraco : corsage de femme.
(4) Karakul : fourrure de mouton d'Asie.

Les moustiques

Les moustiques
piquent, piquent
Les gens qui
Piquent-niquent.

Ils attaquent,
En oblique,
Les hamacs
Élastiques

Et bivouaquent,
Sans panique,
Dans les sacs
En plastique.

Les moustiques
Font la nique
Aux gens qui
Piquent-niquent.

Et qu'ils piquent
Et repiquent
En musique.
C'est comique !

Comptines pour que les consonnes sonnent, Éd. Direlire (D.R.).

[k]

c	qu / q	ch	k
car	quart	chaos	kilo
cour	qui	chœur	képi
cube	quand	chorale	kaki
clarté	qualité	chrétien	souk
croire	équilibre	chlore	anorak
encore	antiquaire	orchestre	ticket
chic	moustiquaire	lichen	dock
truc	truquer	orchidée	
		schizophrène	
cc	cinq		
occasion	coq		
accabler			
accuser			
succomber			

cq (quelques mots)	
acquérir	
acquitter	
acquiescer	
acquisition	

[g]

gu + e, i, y	g + a, o, u et consonnes	gg (quelques mots)
guerre	gare	aggrandir
guêpe	gant	agglutiner
gui	gorge	agglomérer
guichet	figure	toboggan
Guy	aigu	
langue	grand	
bague	glotte	
zigzaguer	zigzag	

+ second, secondaire.

[gz]	[ks]		
x	**x**	**cc**	**-ction**
exact	taxi	accès	action
exhaler	luxe	succès	élection
exercices	boxeur	accident	fonction
exiger	anxiété	accepter	sélection
exhiber	externe	vaccin	
exotique	expérience		
exhorter	excursion		
exhumer	excessif		

CHAPITRE 14
[m] - [n] - [ɲ]

■ IDENTITÉ

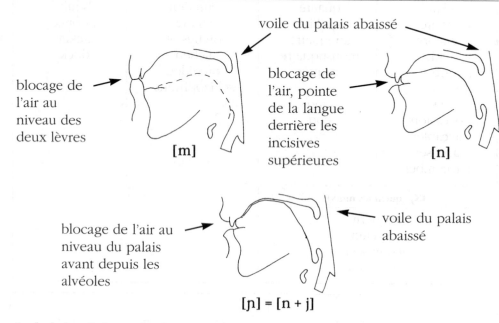

voile du palais abaissé

blocage de l'air au niveau des deux lèvres

[m]

blocage de l'air, pointe de la langue derrière les incisives supérieures

[n]

blocage de l'air au niveau du palais avant depuis les alvéoles

voile du palais abaissé

[ɲ] = [n + j]

[m] - [n] et [ɲ] : **occlusives nasales.**

■ COULEURS SONORES

[m] Voix de petite fille : « Maman, Maman, Maman ! »

[n] « Non, non, non, non et non ! »

■ SENSIBILISATION ET DISCRIMINATION

1. Écoutez et regardez le nom de quelques provinces ou régions françaises.

[n]	[ɲ] ou [n + j]
Aquitai**n**e	Bourgo**gn**e
Arde**nn**e	Breta**gn**e
Lorrai**n**e	Champa**gn**e
Rhô**n**e-Alpes	Auver**gn**e

■ MOTS-OUTILS, MOTS UTILES

[m] mon – ma – mes – me – (le) mien – (la) mienne… – mais – même – mieux

[n] nous – nos – notre – le nôtre – non – ni… ni… – ne – nul

■ ENTRAÎNEMENT ARTICULATOIRE

2. *Distinguez bien les paires de mots suivants en faisant bien entendre l'explosion de la consonne nasale finale.*

[m]		[n]	
j'ai	j'aime	la plaie	la plaine
le dos	le dôme	les pas	les pannes
la peau	la paume	la raie	la reine
la scie	la cime	la paix	la peine
le cri	le crime	les colis	les collines
il sait	ils s'aiment	les balais	les baleines
les rues	les rhumes	c'est mort	c'est morne
les fers	les fermes	ma bru	ma brune
les arts	les armes	les corps	les cornes

[ɲ] ou [n + j]

un pas	un pagne	les compas	les compagnes
un bas	un bagne	les scies	les cygnes
la vie	la vigne	il se tait	ils se teignent
les lits	les lignes	il se plaît	ils se plaignent

3. **Enchaînement.**

Faites passer la consonne nasale de fin de mot dans la syllabe suivante.

	[m]	[n]
Exemple :	– *une pomme acide*	– *aucune envie*
À vous :	– un homme heureux	– aucune idée
	– un drame affreux	– une couronne en or
	– un crime odieux	– une mandoline italienne
	– la même idée	– des sardines à l'huile
	– la même histoire	– la vitamine A
	– Ça se calme enfin.	– Il téléphone encore.
	– J'aime assez ça.	– On sonne à la porte.

[ɲ] ou [n + j]

Exemple : – *une vigne abandonnée*

À vous :   – la campagne en fleurs   – Elles se baignent à minuit.

        – J'accompagne un ami.   – Il témoigne aujourd'hui.

        – Ça saigne encore.   – Je signe ici.

---

4. Géminées.

Prolongez fermement la tenue du [m] *et du* [n] *en pressant bien les lèvres l'une contre l'autre.*

[m]	[n]
– comme moi	– Bonne nuit !
– comme maman	– Bonne nouvelle !
– comme mercredi	– une bonne note
– J'aime mieux ça.	– une semaine normale
– J'aime moins ça.	– une gamine nerveuse
– Nous sommes mardi.	– la lune nouvelle
– Nous sommes mécontents.	– Il marmonne nerveusement.
– une femme moderne	– Il se promène nu.

■ INTONATION ET ARTICULATION

5. Liaison.

Respectez les schémas mélodiques. Notez les liaisons.

Exemple : – *Ton ami ou ton ennemi ?*

À vous :   – Un enseignant ou un étudiant ?

        – En automne ou en hiver ?

        – En Allemagne ou en Italie ?

        – En entrant ou en sortant ?

        – En or ou en argent ?

        – En avant ou en arrière ?

        – En un an ou en un jour ?

        – On a le temps ou on est pressé ?

        – Rien à répondre ? rien à rajouter ?

        – Aucun incident ? aucun appel téléphonique ?

        – Le sujet est bien expliqué ? Il est bien amené ?

Degré zéro	Je t'aime.
Affirmation	Je t'aime, tu sais.
	C'est que je t'aime, tu sais.
	Je t'aime c'est sûr.
	Sûr que je t'aime.
	Si, je t'aime !
	Je te dis que je t'aime.
Topicalisation	Je t'aime, moi.
	Moi je t'aime (toi).
	C'est moi qui t'aime.
	C'est toi que j'aime.
Exclamation	Je t'aime !
	Combien je t'aime !
	Qu'est-ce que je t'aime !
Interrogation	Est-ce que je ne t'aime pas, peut-être ? [...]
Occupation	Peut-être crois-tu que je ne t'aime pas : au contraire (mais si !).
	Si tu crois que je ne t'aime pas, tu te trompes lourdement.
	Ne dis pas que je ne t'aime pas.
Question	Est-ce que je t'aime ? Oui, je t'aime.
Optation	Puis-je t'aimer ?
	Si je pouvais t'aimer !
Permission	Permets-moi de t'aimer.
	Laisse-moi seulement t'aimer.
Obligation	Il me faut t'aimer.
	Il faut que je t'aime.
	Je ne puis que t'aimer.
Dubitation	Peut-être bien que je t'aime.
	Il se peut que je t'aime.
	Il est possible que je t'aime.
	J'avoue que je t'aime.
Concession	C'est entendu, je t'aime.
	Bien sûr, je t'aime.
	D'accord, je t'aime.
Fiction	Mettons que je t'aime.
	Supposons que je t'aime. [...]

Paul CLAES et Daniel ROBBERECHTS, « Variations sur *Je t'aime* » (Rhétoriques, sémiotiques), *Revue d'Esthétique*, nᵒˢ 1-2, Union générale d'Éditions (D.R.).

Ce nain n'a ni nid ni nom.

*

Mon ami aimé ni ne me mord ni ne me ment.

*

Mon minois et ma moue émeuvent le mou Émile.

*

Nul homme n'aime les moments morts.

*

Une nonne menue m'amena par la main la naïve Ninon.

ML

■ CODE PHONOGRAPHIQUE

[m]		[n]		[ɲ]
m	**mm**	**n**	**nn**	**gn**
maman	homme	non	bonne	cygne
mime	immense	navire	année	agneau
main	immobile	nord	monnaie	cogner
marine	sommeil	unique	personne	poignée
rythme	sommaire	pollen		ignorer
ramer	femme	spécimen		ivrogne
dame		fine		peigne
âme				Espagne

+ automne – condamner.

CHAPITRE [f] – [v] 15

■ IDENTITÉ

resserrement du
passage de l'air :
lèvre inférieure
contre les dents

voile du palais
relevé

[f] : les cordes vocales
écartées ne vibrent pas.

[v] : les cordes vocales
accolées vibrent.

[f] et [v] : constrictives labio-dentales.

■ COULEURS SONORES

[f] Crissement de pneus, coup de frein. Une voix : « Mais il est fou ! »

[v] Coup de sonnette. Une porte s'ouvre. « Ah ! c'est vous ! »

■ SENSIBILISATION ET DISCRIMINATION

1. *Écoutez et lisez. Observez la prononciation et l'écriture du* [f] *et du* [v].

Voyage	en	France

T.G.**V**	**F**romage
Vigne	Par**f**um
Vin	Tour Ei**ff**el
Beaujolais nou**v**eau	**F**estival de Cannes
Ca**v**es	Ca**f**és
Pont d'A**v**ignon	Arc de Triom**ph**e
In**v**alides	Bonnet **ph**rygien

2. Masculin [f] / féminin [v].

Entendez-vous le mot au masculin ou au féminin ?

Exemple :	oisif	☒	oisive	☒
	vif	☒	*vive*	☐
À vous :	1. naïf	☐	naïve	☐
	2. neuf	☐	neuve	☐
	3. bref	☐	brève	☐
	4. actif	☐	active	☐
	5. veuf	☐	veuve	☐
	6. positif	☐	positive	☐
	7. attentif	☐	attentive	☐
	8. pensif	☐	pensive	☐

3. *Quel énoncé entendez-vous ?*

Exemple :	*C'est du verre.*	☒	*C'est du fer.*	☐
À vous :	1. C'est vrai.	☐	C'est frais.	☐
	2. C'est son vice.	☐	C'est son fils.	☐
	3. Faites un vœu.	☐	Faites un feu.	☐
	4. Vous arrivez en vain.	☐	Vous arrivez enfin.	☐
	5. J'ai perdu la voix.	☐	J'ai perdu la foi.	☐
	6. Il a vendu un veau.	☐	Il a vendu un faux.	☐

■ MOTS-OUTILS, MOTS UTILES

[v] vous – vos – votre – le vôtre – vers – voilà – vraiment – en vue de – avec – environ

[f] en face de – au fond – enfin – finalement – de façon à – afin de – à force de

■ ENTRAÎNEMENT ARTICULATOIRE

4. *Écoutez et reproduisez les sons entendus. Gardez la même position : incisives supérieures sur lèvre inférieure. Sentez le souffle pour [f] et la vibration pour [v].*

– fffffffffffff vvvvvvvv fffffffffffffff vvvvvvvvv
– fffff vvvv fffff vvvv ffff vvvv
– ff vv ff vv ff vv
– fffaaavvvvv fffèèèvvvvv fffooovvvvv fffaaavvvveur
– vvvif vvvivvv vvveuf vvveuvvv

5. [f] / [v] : position initiale et position intervocalique.

Répétez.

– Fou, fou, c'est fou !

– Faux, faux, c'est faux !

– Froid, froid, j'ai froid !

– Vide, vide, c'est vide !

– Vague, vague, c'est vague !

– Vraiment vieux, c'est vraiment vieux !

– Vraiment frais, c'est vraiment frais !

– Vraiment fort, c'est vraiment fort !

– Fort vrai, fort vrai, c'est fort vrai !

6. [v] en finale. Oppositions masculin / féminin, singulier / pluriel.

A. *N'assourdissez pas le* [v] *en finale. Distinguez bien le masculin du féminin.*

– vif – vif – vif – vive

– hâtif – hâtif – hâtive – hâtive

– passif – passive – passif

– neuf – neuf – neuve

– bref – brève – brève

– sauve – sauve – sauf

B. *Faites apparaître un* [v] *à la troisième personne du pluriel. Allongez le* [i] *devant* [v] *en finale.*

Exemple :   *il décrit* → *ils décrivent*

À vous :

elle écrit → ....

il vit → ....

il suit → ....

elle s'inscrit → ....

elle décrit → ....

il poursuit → ....

Exemple :   *Que décrit-il ?* → *Que décrivent-ils ?*

À vous :   À qui écrit-elle ? → ....

Où vit-il ? → ....

Qui suit-il ? → ....

Où s'inscrit-elle ? → ....

Que décrit-elle ? → ....

Quel but poursuit-il ? → ....

7. Toutes positions.

Prononcez le [v] et le [f] de la même façon en toutes positions. Ne relâchez pas l'articulation à l'intervocalique et en finale.

[v]				[f]		
vent	savant	savent		fa	sofa	sauf
veau	caveau	cave		fort	effort	F
vais	mauvais	mauve		fonds	bas-fonds	baffe
vrai	rêverai	rêve		fée	gaffer	gaffe
vain	Louvain	louve		fut	raffut	rafle
vie	ravi	rave		fui	enfui	enfle

8. Paires minimales.

Ne confondez pas.

– un vœu	**et**	un feu	– vêler	**et**	fêler
– une ville		une file	– un vice		un fils
– ils vont		ils font	– la vase		la phase
– je vais		je fais	– l'envers		l'enfer
– le vent		le faon	– les revues		les refus

9. Alternance [f] - [v].

Notez le changement de consonne dans les séries lexicales suivantes.

- *veuf – veuve – veuvage*
- neuf – neuve – nouveauté
- sauf – sauve – sauver – sauvetage
- bref – brève – brièveté – brièvement
- passif – passive – passivité
- vif – vive – activité – activement
- œuf – ovipare – ovule
- bœuf – bovin – bovidé – bouvier

10. Suites.

Répétez.

[f] - [f]	[v] - [v]
– une figure fiévreuse	– une vieille ville
– une fenêtre fermée	– une villa vide
– une fleur fanée	– une voiture volée
– une fortune fabuleuse	– un visage volontaire
– un fromage frais	– un va-et-vient

[f] - [v]	[v] - [f]
– une femme voilée	– une vie facile
– une faible vue	– une vitre fêlée
– une forêt vierge	– un vrai festin
– un fond de vallée	– un vice de forme
– un fort vent	– une veste fripée

11. Enchaînement.

Marquez l'enchaînement en faisant passer le [v] *et le* [f] *dans la syllabe suivante.*

[v]	[f]
– *un rêve étrange*	– *un pendentif en or*
– une brève histoire	– un œuf au plat
– un élève intelligent	– un bref extrait
– une grève imminente	– un shérif américain
– une épave abandonnée	– un tarif étudiant
– un brave homme	– le massif alpin
– une vive altercation	– un philosophe athée

Remarque : *« neuf » + voyelle → enchaînement normal* [f] *: « neuf enfants » →* [nœfɑ̃fɑ̃], *« neuf à table » →* [nœfatabl]. *Exception* [f] → [v] *pour « neuf heures » →* [nœvœʀ] *et « neuf ans » →* [nœvɑ̃].

12. Géminées.

Allongez la tenue du [f] *et du* [v]. *Maintenez légèrement le souffle pour le* [f] *et la vibration pour le* [v].

[f]	[v]
– un veuf fidèle	– une olive verte
– un sportif frénétique	– une cave voûtée
– un chef furieux	– un chauve ventru
– un objectif facile	– un slave volubile
– un primitif flamand	– une veuve volage
– un œuf frais	– une preuve valable

13. Groupes consonantiques.

Répétez.

Position finale	[fʀ]	coffre – chiffre
	[vʀ]	vivre – livre
	[fl]	souffle – giffle

Position intervocalique	[fʀ]	refrain – offrir
	[vʀ]	ivresse – ouvrir
	[fl]	influence – inflation
Position initiale	[fʀ]	frais
	[vʀ]	vrai – vrac
	[fl]	flou – flamme
	[vl]	vlan

■ INTONATION ET ARTICULATION

14. *Reproduisez les intonations expressives proposées. Allongez le [f] et le [v] comme dans l'enregistrement.*

– C'est fantastique, fabuleux, formidable.

– Je suis fatiguée, fatiguée, je suis fourbue, vraiment fourbue.

– Je suis furieux, furibond, vraiment furax.

– Quelle voix ! Quel visage !

– Quelle vivacité ! Quelle vigueur ! Quelle force !

– C'est vulgaire ! mais c'est d'une vulgarité !

15. *Travaillez la rapidité de la diction.*

– Vite ! Vite ! Allez, vite ! Faites vite !

– Avance, avance, avance !

– Allez, lève-toi, lève-toi, lève-toi vite !

– Allez, file ! file ! file ! Va-t'en ! va-t'en !

– Allez, vas-y ! Fonce, fonce, fonce !

– Allons ! viens, viens ! Viens vite !

16. **Vraies injures en vrac.**

Écoutez le dialogue d'injures puis jouez le dialogue.

A : « Vipère !
B : – Fripouille !

A : – Effronté !
B : – Voleur !

A : – Faux frère !
B : – Voyou !

A : – Fripon !
B : – Vantard !

A : – Fainéant !
B : – Mufle !

A : – Vaurien !
B : – Filou ! Allez va-t'en ! File ! »

JEUX POÉTIQUES, JEUX PHONÉTIQUES

Une faveur Favien, faites-moi une faveur.

Favien, mon serviteur, mon fidèle Favien.

Favien, mon favori, de servir un festin

à la veuve voilée, au visage fiévreux.

Un vrai festin, Favien.

Un festin fabuleux,

de lièvre et de grives,

de figues et d'olives,

de fèves au genièvre,

de goyaves suaves,

avec des vins, Favien.

Des vins fins savoureux.

Que la veuve s'enivre !

Et vous mon cher Favien,

S'il vous plaît, je vous prie,

Soyez donc mon convive.

M͟L

■ CODE PHONOGRAPHIQUE

[f]			[v]
f	**ff**	**ph**	**v**
femme – facteur faux – café refaire – vif relief – œuf bœuf	effet offrir affaire officier buffet	phrase – photo phoque – phrase graphie – cinéphile téléphone philosophe	vie – voiture vert – bavard réveil – deviner grave – vive

+ wagon.

CHAPITRE
[b] - [v] 16

■ COULEURS SONORES

> **[b] - [v]** Applaudissements : « Bravo ! Bravo ! »

■ SENSIBILISATION ET DISCRIMINATION

1. *Écoutez et lisez le refrain de cette vieille chanson populaire.*

« V'là l'bon vent, v'là le joli vent,
V'là l'bon vent, ma mie m'appelle.
V'là l'bon vent, v'là le joli vent,
V'là l'bon vent, ma mie m'attend. »

2. *Écoutez et notez l'intrus de chaque série.*

Exemple : *val val val **balle** → 4.*
*la balle la balle **l'aval** la balle → 3.*

À vous :

	1	2	3	4		1	2	3	4
1.	…	…	…	…	5.	…	…	…	…
2.	…	…	…	…	6.	…	…	…	…
3.	…	…	…	…	7.	…	…	…	…
4.	…	…	…	…	8.	…	…	…	…

3. *Écoutez puis cochez les phrases que vous avez entendues.*
Exemple :

| Il y a quelque chose à voir. | ☒ | Il y a quelque chose à boire. | ☒ |
| Il ne voit pas. | ☐ | Il ne boit pas. | ☒ |

À vous :

| 1. Quelle belle vache ! | ☐ | Quelle belle bâche ! | ☐ |
| 2. Je n'ai pas vu. | ☐ | Je n'ai pas bu. | ☐ |

162

3. Ils s'en vont. ☐ Il sent bon. ☐

4. Donnez-nous votre avis. ☐ Donnez-nous votre habit. ☐

5. Je suis à vous. ☐ Je suis à bout. ☐

6. C'est un veau mâle. ☐ C'est un beau mâle. ☐

7. Le valet se prépare. ☐ Le ballet se prépare. ☐

8. Il la voit. ☐ Il aboie. ☐

■ ENTRAÎNEMENT ARTICULATOIRE

4. *Reproduisez les sons suivants. Pour le* [b], *pressez fortement les deux lèvres l'une contre l'autre. Pour le* [v], *placez les incisives supérieures sur la lèvre inférieure.*

– babababababa   vvvvvaaaaa   vvvvvaaa   babababababa
– bobobobobo   vvvvvvooo   vvvvvvooo   bobobobobo
– bébébébébé   vvvvvééé   vvvvééé   vévévévévé
– bibibibibi   vvvvvvi   vvvvvvi   bibibibibi

5. **Suites.**

Passez d'une articulation bilabiale à une articulation labiodentale et inversement.

[b] - [v] bavard – baver – bovin – bévue – bon vin – bonne vue – buvard – buvez.

[v] - [b] vos bas – vos biens – verbal – verbe – vibrer – viable.

6. **Position finale.**

A. *Serrez fortement les lèvres l'une contre l'autre pour le* [b] *final. Faites entendre l'explosion du* [b]. *Ne prononcez ni* [ß] *ni* [v].

[b] nabab – crabe – arabe – syllabe.
snob – robe – lobe – microbe.
tube – cube – titube.
imbibe – exhibe – prohibe.
tombe – bombe – colombe – flambe.

B. *Allongez la voyelle précédant le* [v].

[v] rêve – lève – sève.
fauve – mauve – sauve.
rive – Yves.
couve – louve – douve.
cuve – étuve – grave – grève.

7. [v] devant [w].

Articulez bien le [v] devant [w]. Ne relâchez pas l'articulation.

A. *Distinguez.*

-oie **et** voie – oyez **et** voyez – oyons **et** voyons.

B. *Prononcez les mots suivants.*

– voyage – voyelle – voyou – voyant.

– envoyer – dévoyé – prévoyant.

– avoir – avoine – bavoir – savoir.

– pouvoir – recevoir – percevoir – apercevoir.

– voile – voiture – voici – voilà.

8. Paires minimales.

Ne confondez pas.

Position initiale			Position intervocalique		
va	**et**	bats	les vallons	**et**	les ballons
vin		bain	les valises		les balises
vent		banc	les ravins		les rabbins
vol		bol	je vois		je bois
viens		bien	la vase		la base

Position finale					
cuves	**et**	cubes	glèbe	**et**	glaive
verve		verbe	rab		rave

9. Suites.

Répétez.

[b] - [v]	[v] - [b]
– un bureau de vote	– un vrai bijou
– une bouteille vide	– une viande blanche
– un bon vivant	– un verre ballon
– une boule en verre	– des vœux de bonheur
– un bulletin vierge	– du vin bouché

■ INTONATION ET ARTICULATION

10. ***Reprenez les phrases suivantes avec les intonations proposées.***

– Oh là là ! ça barde chez les voisins !

– Oh là là ! ça bouge sur ce bateau ! Je suis barbouillée ! J'ai envie de vomir !

– Oh là là ! tout s'envole avec ce vent !

– Oh là là ! la barbe ! Ça m'embête d'aller voter.

– Oh là là ! vite, vite, vite, le robinet ! Le lavabo va déborder !

---

11. *Répondez aux demandes de confirmation comme dans l'exemple.*

Exemple : *« Il vient bien vendredi ?*
➡ *Oui, oui, il vient bien vendredi. »*

À vous : « Tu vas bien à Venise ?
➡ Oui, oui, je .... »

« Elle vend bien son violon ?
➡ Oui, oui, elle .... »

« Vous vivez bien à Vienne ?
➡ Oui, oui, nous .... »

« Vous votez bien à Versailles ?
➡ Oui, oui, je .... »

« Tu as bien tout vérifié ?
➡ Oui, oui, je .... »

---

12. *Allongez progressivement les phrases. Respectez l'accentuation.*

J'aime le vent.
J'aime le vent et la brise.
J'aime le vent, la brise et la brume.
J'aime le vent, la brise, la brume et les embruns.

J'aime le vent.
J'aime le vent et les voiles.
J'aime le vent, les voiles et les bateaux.
J'aime le vent, les voiles, les bateaux et les voyages.
J'aime le vent, les voiles, les bateaux, les voyages et l'aventure.

J'aime le vin.
J'aime le vin et la bière.
J'aime le vin, la bière et les bars.
J'aime le vin, la bière, les bars et les bals.
J'aime le vin, la bière, les bars, les bals et les voitures.
J'aime le vin, la bière, les bars, les bals, les voitures et la vitesse.

■ JEUX POÉTIQUES, JEUX PHONÉTIQUES

Voulez-vous bien vendre vos bottes bleues
à votre beau voisin bourru ?

*

Dans un boui-boui bourré de vieux bavards, on bouffe
de la bouillabaisse sur des bancs branlants,
couverts de velours bleu-violet.

*

Vous le barbare bizarre, votre bouche brille comme un volcan.

*

Vois là-bas parmi les bambous beiges voleter
et babiller la volage volaille.

Yves BRANELLEC

* * *

La vache vêle un veau velu.
Le bœuf boit à l'abreuvoir. [...]

Raymond QUENEAU, extrait de « Forme de la ferme », in *Battre la campagne*, Éd. Gallimard.

CHAPITRE [s] - [z] 17

■ IDENTITÉ

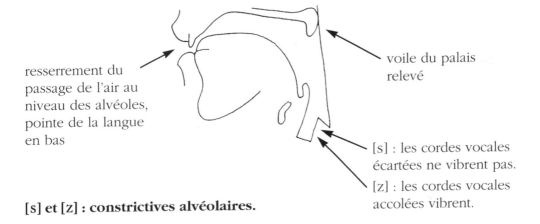

resserrement du passage de l'air au niveau des alvéoles, pointe de la langue en bas

voile du palais relevé

[s] : les cordes vocales écartées ne vibrent pas.

[z] : les cordes vocales accolées vibrent.

[s] et [z] : constrictives alvéolaires.

■ COULEURS SONORES

[z] Bruit de démarreur. La voiture ne démarre pas. « Zut, zut, zut et zut ! » La portière claque.

[s] Dans un cours de danse ou de gymnastique. Une voix, en cadence, doucement : « 1, 2, 3, 4 », puis plus fort : « et 5, et 6, et 7 ».

■ SENSIBILISATION ET DISCRIMINATION

1. Les [s] et les [z] de la politique.

Écoutez et lisez les mots suivants. Classez-les selon leur prononciation et leur orthographe.

socialisme – démocratie – exécutif – politiser – diplomatie – révolution – politicien – sénat – extrême gauche/droite – franc-maçon – élection – isoloir – ambassade – citoyen – partisan – centre – nation – coexistence – assemblée – ministre

	[s]		[z]
s	*socialisme*	**s**	*politiser*
	....		....
	....		....
ss	....		....
	....		
-tie	*démocratie*	**x**	....
	....		....
-tion	....		
	....		
	....		
c	....		
	....		
	....		
ç	....		
x	....		
	....		

---

2. Paires minimales et liaison.

Écoutez et complétez avec « s » si vous avez entendu [s], *ou avec le signe* ‿ *si vous avez entendu* [z].

Exemple : ils ... adorent → ils **s**'adorent
ils ... oublient → ils ‿ oublient

À vous :
1. ils ... avancent   5. ils ... estiment
2. ils ... imaginent   6. ils ... usent
3. ils ... informent   7. ils ... expriment
4. ils ... enferment   8. ils ... organisent

---

3. Paires minimales.

Écoutez, puis cochez le mot entendu.

Position initiale

Exemple : zoo ☐   seau ☒
À vous : zèle ☐   sel ☐

zone	☐	Saône	☐
zélé	☐	scellé	☐
zona	☐	sauna	☐

Position intervocalique

cousin	☐	coussin	☐
désert	☐	dessert	☐
baiser	☐	baisser	☐
Asie	☐	assis	☐
six ans	☐	six cents	☐

Position finale

douze	☐	douce	☐
vise	☐	vice	☐
base	☐	basse	☐
ose	☐	hausse	☐
ruse	☐	Russe	☐

■ MOTS-OUTILS, MOTS UTILES

[s]
« **c** » : ce – cet – cette – ces – ça – ceci – celle-ci – celle-là – ceux-ci – ceux-là.

« **s** » : son – sa – ses – se – souvent – soudain – sous – sans – sauf – sur – dessus – dessous – assez – aussi.

« **x** » : dix # – six #.

Liaison en [z] devant une voyelle pour les mots suivants :

[z]
« **s** » : les – des – ces – mes – tes – ses – nos – vos – leurs – nous – vous – ils – elles – sans – sous – plusieurs – quelques – certains – plus – moins.

« **z** » : chez – assez.

« **x** » : aux – dix – six.

■ ENTRAÎNEMENT ARTICULATOIRE

4. *Répétez les séries suivantes. Allongez la voyelle devant* [z] *et à l'inverse allongez le* [s] *après voyelle. Faites siffler le* [s] *et vibrer le* [z].

– [aaaaaaaazz]
– [ooooooozz]
– [εεεεεzz]
– [iiiiiiiizz]
– [uuuuuzz]
– [yyyyyzz]

– [aasssssssss]
– [oosssssssss]
– [εεsssssssss]
– [iiisssssssss]
– [uusssssssss]
– [yysssssssss]

5. Oppositions masculin / féminin, singulier / pluriel : position finale.

A. [z] : opposition masculin / féminin.

Prononcez les séquences suivantes en complétant.

Polonais et Polonaises, Libanais et ...., Albanais et

................., Chinois et ...., Danois et ....,

Hongrois et .... venez nombreux et .... !

B. [s] - [z] : opposition singulier / pluriel.

Passez du singulier au pluriel.

[s]

Exemple : *Quand finit-elle ?* ➜ *Quand finissent-elles ?*

À vous :

– Où atterrit-il ? ....

– Me reconnaît-elle ? ....

– Réussit-elle ? ....

– Pourquoi ne grandit-il pas ? ....

[z]

Exemple : *Que lit-il ?* ➜ *Que lisent-ils ?*

À vous :

– Se plaît-elle ici ? ....

– Où me conduit-elle ? ....

– Pourquoi se tait-il ? ....

– Que construit-il ? ....

6. Géminées.

***Allongez la durée du* [s] *et du* [z]. *Percevez la vibration du* [z] *et le sifflement du* [s].

[s]	[z]
– Ça sҿ sait.	– onze zébus
– Ça sҿ sent.	– douze zèbres
– Ça sҿ soigne.	– treize zibelines
– Ça sҿ salit vite.	– quatorze zoulous
– Ça sҿ sert comment ?	– quinze zazous
– Ça sҿ sucre ?	– seize zéros

7. Paires minimales.

A. *Ne confondez pas.*

cesse	**et**	seize		bus	**et**	buse
tresse		treize		race		rase
casse		case		hausse		ose
douce		douze		blesse		Blaise

B. *Répétez.*

- Je cesse le seize.
- Elle s'est fait treize tresses.
- Ne casse pas la case.
- Il a douze douces épouses.

- Que fait cette buse sur le bus ?
- Blaise se blesse souvent.
- L'État ose une hausse des prix.

8. Paires minimales / liaison.

Ne confondez pas.

les cieux	**et**	*les‿yeux*		*Ils centrent.*	**et**	*Ils‿entrent.*
les sœurs		les heures		Je l'essaie.		Je les ai.
les sauts		les os		Ils sont.		Ils ont.
les soies		les oies		Ils cèdent.		Ils aident.

Vous savez danser.	**et**	*Vous‿avez dansé.*
Vous savez l'heure.		Vous avez l'heure.
Nous savons son âge.		Nous avons son âge.
Nous savons jouer.		Nous avons joué.

Elles s'injurient.	**et**	*Elles‿injurient.*
Elles s'aident.		Elles aident.
Ils s'aiment.		Ils aiment.
Ils s'écrivent.		Ils écrivent.

9. Liaison [z].

Marquez les liaisons obligatoires des phrases suivantes.

- Nous attendons.
- Vous attendez.
- Ils attendent.
- Nous vous attendons.
- Ils nous ont attendu.

- Vous nous attendrez encore ?
- Que faire en les attendant ?
- Vous en attendez encore, des invités ?
- Vous les attendez à quelle heure ?
- Vous vous y attendiez ?

10. Enchaînement.

Faites passer le [s] et le [z] dans la syllabe suivante.

[z]	[s]
– *une chose intéressante*	– *une brosse à cheveux*
– la chaise électrique	– un Suisse allemand
– une nombreuse assemblée	– une promesse incroyable
– une scabreuse affaire	– Il commence à faire beau.
– Il pose une question.	– Ça avance un peu.
– On se repose un peu.	– Passe avant 5 heures !
– Je dépose un chèque.	– Je le laisse y aller.

11. Suites.

Répétez les mots suivants.

[s] - [s]	[z] - [z]	[s] - [z]	[z] - [s]
sensible	zazou	saison	moisissure
semestre	zozoter	saisir	choisissez
assassin	zizanie	rassasié	désastre
associé	zézayer	cerise	résister
cécité	zigzag	ciseau	désister
cesser	désabusé	préciser	désespoir
souci	zézaiement	décisif	position
censure		cyrrhose	hésitation
ascension		viscosité	désertion
scission		seize	rosace
science			transaction

12. Groupes consonantiques.

A. *Ne dissociez pas les groupes* [sp], [st] *et* [sk] *à l'initiale d'un mot.*

trace	strass	colère	scolaire
tort	store	qui	ski
tresse	stress	corps	score
tic	stick	Carole	scarole
toque	stock	caille	skaï
port	sport	coupe	scoop

172

B. *Distinguez bien la prononciation des mots de la liste 1* ([ɛsp]), *et de la liste 2* ([sp]).

Liste 1 :

[ɛsp]   un espoir – un espace – l'Espagne – un espion – un esprit.

[ɛst]   une estampe – un esthète – une estrade – un estomac.

[ɛsk]   un escalier – une escadre – un escargot – une escapade.

Liste 2 :

[sp]   un sport – un spectacle – une spirale – une splendeur.

[st]   un stade – un stage – un studio – un style – un stimulant.

[sk]   un score – un scalpel – un scandale – un scrupule.

C. *Répétez.*

- un espion scandinave
- un espoir scolaire
- un estivant stupide
- un escalier splendide

- un spectacle estival
- un sport esthétique
- un style espagnol
- un score espéré

---

13. Prononciation de « six » et « dix ».

A. [sis] - [dis]

- J'en prends six.
- Je joue le dix rouge.
- C'est la chambre 110.

- Ils arrivent à six.
- Nous serons dix à table.
- 103, 104, 105, 106.

B. [siz] - [diz]

- *Il est six heures.*
- Voilà ses six enfants.
- Donnez-moi six œufs.
- Nous avons nos six amis ici.
- J'ai passé ici dix années de ma jeunesse.

C. [di] - [si]

- Tout à dix francs !
- Nous avons dix doigts et dix doigts de pied.
- Il vient tous les six jours.
- Ça coûte six francs.

▲ **14.** **Les prononciations de « plus » : tableau.**

Observez.

	1. Négation
[ply] ↑	Je (ne) veux plus. – Il n'y en a plus. – Il n'est plus là. – Plus de place ! – Plus de bruit ! – Moi non plus.
[plyz]	Je (ne) veux plus‿en parler. – Il n'y en a plus‿un seul. – Il n'est plus‿ici. – Plus‿une place ! – Plus‿un bruit !
	2. Addition
[plys]	2 plus 2 – 500 plus 100 – 6 plus 10. en plus.
	3. Comparatif / superlatif
[plys]	Un peu plus ou beaucoup plus ? – Il y a plus de place ici (qu'ailleurs). – Il y a plus de bruit ici (qu'ailleurs).
	Je n'ai pas plus de chance (que toi). – Je ne bois pas plus de café (qu'avant).
[ply] ↓	C'est plus loin. – Plus fort ! – Un an plus tôt. – le plus facile – la plus belle.
	J'ai recommencé plus d'une fois. – J'ai dépensé plus de la moitié de ma bourse. – On était plus de dix.
[plyz]	C'est plus‿important. – C'est plus‿utile. le plus‿intéressant la plus‿amusante.

Remarque : *la prononciation de « plus » est tantôt fixe, tantôt variable.*
– Fixe : les parties grisées.
– Variable : les parties non grisées ; les flèches indiquent l'autre prononciation possible.

■ INTONATION ET ARTICULATION

15. *Répétez les phrases.*

– Je suis sérieux et stable.

– Je suis sensible et soucieuse.

– Je suis spontané, sociable et sympa.

– Je suis secrète, silencieuse et solitaire.

– Je suis spirituel, subtil et sensuel.

16. *Répétez en respectant l'intonation et les pauses.*

1. Je t'assure, c'est facile, c'est pas si difficile que ça !
2. C'est simple, c'est si simple, c'est simple comme tout !
3. C'est sérieux, c'est de plus en plus sérieux leurs études !
4. Oh, ça suffit ! Ça suffit comme ça !
5. C'est satisfaisant, satisfaisant sans plus…
6. C'est sûr, sûr et certain !
7. Ça s'impose ! Cette solution s'impose absolument !
8. Ça se précise un peu plus son sujet de thèse !

17. *Écoutez, répétez et/ou écrivez le texte.*

■ CODE PHONOGRAPHIQUE

[s]				
s	**c + e, i, y**	**ç + o, a, u**	**x**	**ti + voyelle**
sel	ceci	façon	(quelques mots)	initial
verser	cycle	maçon	six	idiotie
chanson	ciel	reçu	dix	essentiel
escalier	morceau	aperçu	soixante	présidentiel
as	musicien	façade	Bruxelles	patient
	céder	français		ambitieux
ss		balançoire		ambition
assez				prétention
poisson				
grosse				
mission				

sc
(quelques mots)
scie
sceau
scène

[z]		
s	**z**	**x**
oasis	zoo	(quelques mots)
musique	zèbre	deuxième
poison	onze	sixième
cousin	gazon	dixième
rose	dizaine	
église	gaz	

[s] - [z]

■ JEUX POÉTIQUES, JEUX PHONÉTIQUES

Si six scies scient six cigares,
six cent six scies scient six cent six cigares.

*

Cinq ou six officiers gascons
Passant certain soir à Soissons
Marchandèrent des saucissons :
« Combien ces cinq saucissons ?
– À vingt sous, c'est cent sous. »
C'était cent sous, ces saucissons.

*

Six cent six Suisses ont mangé six cent six saucisses
dont six en sauce et six cents sans sauce.

*

Ciel ! si ceci se sait, ces soins sont sans succès !

Virelangues populaires.

* * *

Un zèbre à Zanzibar zigzaguait dans un bar.
« Zèbre, dit la serveuse qui s'appelait Suzon, veux-tu de l'eau
gazeuse, de la gaze ou du son ?
– Non, je veux du gazon, dit le zèbre à Suzon.
– Zéro pour le gazon, lui répondit Suzette, ce n'est pas la saison,
mais veux-tu la gazette, un zeste de citron dans ce vin de Bezon ?
– Non, je veux du gazon, encore du gazon, toujours du gazon »,
dit le zèbre à Suzon,
dit le zèbre à Suzon,
dit le zèbre à Suzon...

C. FONFREDE (D.R.)

* * *

Suzette : Cécile, ma douce sœur, si ceci se savait !
Cécile : Silence donc Suzette, ceci est un secret.
Suzette : Êtes-vous sûre ma sœur de celer ce secret ?
Cécile : Sûre et certaine, chère sœur, soyez en assurée.
Suzette : Mais si ceci, ma sœur, par hasard se savait ?
Cécile : Si ce secret se sait, c'est qu'il se sera sauvé.
Suzette : Ciel ! et si par hasard ce secret se sauvait !
Cécile : Ce ne serait, ma sœur, certes pas le premier !

CHAPITRE [ʃ] - [ʒ] 18

■ IDENTITÉ

resserrement du
passage de l'air au
niveau du palais avant
(pointe en haut),
lèvres arrondies

voile du palais
relevé

[ʃ] : les cordes vocales
écartées ne vibrent pas.

[ʒ] : les cordes vocales
accolées vibrent.

[ʃ] et [ʒ] : constrictives prépalatales.

■ COULEURS SONORES

[ʃ] Bruits de fond. Une voix s'élève : « Chut, chut, silence ! »

[ʒ] Une voix : « Faites vos jeux ! » Bruit d'une roulette.

■ SENSIBILISATION ET DISCRIMINATION

1. *Voici quelques noms de vins français connus. Lisez et écoutez.*

Chiroubles	Beau**j**olais-villa**g**es
Chénas	**J**ulienas
Champagne	Saint-**J**oseph
Chablis	Crozes-hermita**g**e
Chignin	Clos de Vou**g**eot

Gevrey-**Ch**ambertin

2. *Écoutez et notez pour chaque série quel est le mot phonétiquement différent. Cochez la bonne colonne.*

Exemple : *chaîne chaîne chaîne **gêne** → d.*
*joue joue **chou** joue → c.*

À vous :

	a	b	c	d		a	b	c	d
1.	…	…	…	…	4.	…	…	…	…
2.	…	…	…	…	5.	…	…	…	…
3.	…	…	…	…	6.	…	…	…	…

3. Quelles phrases entendez-vous ?

[ʃ]		[ʒ]	
Exemple :			
Tu as bouché la bouteille ?	☒	*Tu as bougé la bouteille ?*	☐
À vous :			
1. Voilà une belle chatte !	☐	Voilà une belle jatte !	☐
2. Pas de chou rouge !	☐	Pas de joues rouges !	☐
3. Attention à la marche !	☐	Attention à la marge !	☐
4. Mettez-les dans le cachot !	☐	Mettez-les dans le cageot !	☐

4. Observez les deux prononciations des phrases suivantes.

[ʒə]	[ʒ] ou [ʃ]*
– Je pense à toi.	– J¢ pense à toi.
– Je commence quand ?	– J¢ commence quand ?
– Je t'invite.	– J¢ t'invite.
– Je finirai plus tard.	– J¢ finirai plus tard.
– Je ne peux pas venir.	– J¢ (ne) peux pas venir.
– Je ne comprends pas.	– J¢ (ne) comprends pas.
– Je ne fume plus.	– J¢ (ne) fume plus.
– Je ne sais pas.	– J¢ (ne) sais pas.

***Remarque :** dans cette deuxième série, plus familière que la première, la chute du « e » de « je » et du « ne » met la consonne sonore [ʒ] en contact avec des consonnes sourdes. Elle tend alors vers [ʃ].*

■ MOTS-OUTILS, MOTS UTILES

[ʃ] chez – chacun – chacune – chaque

[ʒ] je – jamais – jusqu'à – toujours – déjà – aujourd'hui

5. *Reproduisez les sons enregistrés. Maintenez les lèvres très avancées et très ouvertes. Opposez la consonne sans vibration [ʃ] et la consonne vibrée [ʒ].*

– [ʃʃʃʃʃʃʃʃ] [ʒʒʒʒʒʒʒʒ] [ʃʃʃʃʃʃʃʃ] [ʒʒʒʒʒʒʒʒ]

– [aʃʃʃ] [aʃʃʃ] [aʃʃʃ] [aʒʒʒ] [aʒʒʒ] [aʒʒʒ]

– [ɛʃʃʃ] [ɛʃʃʃ] [ɛʃʃʃ] [ɛʒʒʒ] [ɛʒʒʒ] [ɛʒʒʒ]

– [aʃʃʃe] [aʃʃʃe] [aʒʒʒe] [aʒʒʒe]

– [aʃʃʃi] [aʃʃʃi] [aʒʒʒi] [aʒʒʒi]

– [ʃe] [ʒe] [ʃo] [ʒo] [ʃa] [ʒa]

---

6. **[ʒ] en position finale.**

Formez les substantifs dérivés à l'aide du suffixe « -age ». Prolongez la voyelle [a] et prononcez une consonne douce.

maquiller → *maquillage*

coquille	→	hériter	→ ....
grille	→	gaspiller	→ ....
feuille	→	piller	→ ....
outil	→	atterrir	→ ....
décoller	→	accrocher	→ ....

---

7. **Toutes positions.**

Réalisez les sons [ʃ] et [ʒ] de la même manière, quelle que soit leur position. Ne prononcez ni [tʃ] ni [dʒ].

Finale	Intervocalique	Initiale	
marche	marcher	chez	chéri
apache	pacha	chat	château
cache	cachou	chou	choucroute
rêche	réchaud	chaud	chômage
hache	hachoir	choir	choisir
rouge	rouget	j'ai	gémir
ange	enjeu	jeu	jeûner
âge	agent	gens	gentil
ange	engin	geint	gingembre
singe	Saint-Georges	Georges	Georgette

8. Paires minimales.

Ne confondez pas.

Position finale			initiale			intervocalique		
cache	**et**	cage	choix	**et**	joie	léché	**et**	léger
bouche		bouge	chou		joue	boucher		bouger
anche		ange	chute		jute	cachot		cageot
fiche		fige	chêne		gêne	haché		âgé
hache		âge	char		jarre	mes champs		mes gens

9. Paires minimales en contexte.

- Sache être sage !
- Cache la cage !
- Écoute le chant de Jean !
- Donne sa jatte à la chatte !
- Embrasse-moi sur la joue mon chou !
- Pas de hache à cet âge !

- Ces chaînes me gênent.
- Je vais à son chevet.
- Ce chien vient de Gien.
- J'erre, mon cher.
- Ce potache aime le potage.
- Jo a chaud.

10. Enchaînement.

Faites passer le [ʃ] et le [ʒ] dans la syllabe suivante.

[ʃ]

- *Ça me touche énormément.*
- On cherche encore ?
- Elle se penche en avant.
- la bouche ouverte
- une tache indélébile
- une pêche abricot

[ʒ]

- *Il voyage énormément.*
- Ça vous dérange ou non ?
- On mange ensemble ?
- le langage enfantin
- un ouvrage important
- une image en relief

11. Suites.

Prononcez ces mots colonne par colonne.

[ʒ] - [ʒ]	[ʒ] - [ʃ]	[ʒ] - [ʒ]	[ʒ] - [ʃ]
j'ajoute	je chante	je juge	je cherche
j'agis	je cherche	je voyage	je me fâche
je gêne	je chéris	j'envisage	je triche
j'agite	je choisis .	je me venge	je chante
je jure	je chiffre	je plonge	je lâche
je joue	je chauffe	je corrige	je cache

12. Géminées.

Allongez la durée du [ʃ] et du [ʒ]. Pour le [ʒ], recherchez la vibration des cordes vocales.

[ʃ]	[ʒ]
– une douche chaude	– un juge généreux
– une cruche chinoise	– un visage joufflu
– une bouche charnue	– un âge joyeux
– On marche chaque jour.	– La neige gèle.
– Il se cache chez nous.	– Elle ne voyage jamais.

13. Chute du « e » : assourdissement.

Écoutez la prononciation familière des phrases suivantes.

[ʃp]	[ʃk]
– Jǿ prendrai un bic.	– Jǿ comprends.
– Jǿ (ne) peux pas venir.	– Jǿ commence demain.
– Jǿ (ne) pense pas.	– Jǿ (ne) cours pas vite.
[ʃt]	**[ʃf]**
– Jǿ t'expliquerai.	– Jǿ ferai ça plus tard.
– Jǿ tombe de sommeil.	– Jǿ fais quoi maintenant ?
– Jǿ (ne) trouve pas ça bien.	– Jǿ (ne) ferme pas la porte ?

[ʃs] ou [ʃʃ]

– Jǿ (ne)sais pas.   – Jǿ (ne) suis pas d'accord.

■ INTONATION ET ARTICULATION

14. *Veillez, en reprenant l'intonation proposée, à adoucir le [ʃ] et le [ʒ]. Ne prononcez ni [tʃ] ni [dʒ].*

- – Tu te dépêches un peu ! Allez, dépêche-toi !
- – Couche-toi ! Allez, couche-toi !
- – Vous vous allongez ! C'est ça, allongez-vous !
- – Allez ! range ça, s'il te plaît, range ça !
- – Allez ! cherche encore, cherche !
- – Raccroche, s'il te plaît, raccroche !
- – Allez ! mange un peu, mange !

15. *Reprenez les phrases suivantes. Marquez bien les deux groupes rythmiques.*

– C'est joli, ce village !

– C'est injuste, ce jugement !

– C'est dommage, ce change-ment !

– C'est choquant, cette façon d'agir !

– C'est un peu cher, ce voyage !

– C'est charmant, ce paysage !

16. *Reprenez les phrases suivantes.*

– Bonne journée, chère Jeanne.

– Bonne chance, mon chou.

– Bonjour, mon cher Georges.

– Bon séjour, mes chéris.

– Bon voyage, chère Jacqueline.

– Joyeux Noël, cher Charles.

■ CODE PHONOGRAPHIQUE

[ʒ]			[ʃ]
j	**g + e, i, y et consonnes**	**ge + a, o, u**	**ch**
jamais	gel	geai	chat
jupe	gîte	Georges	cher
jury	gilet	geôle	chapeau
joujou	général	nageoire	acheter
rajouter	girafe	rougeole	chercher
bonjour	gypse	il mangeait	brioche
déjeuner	gymnastique	il songea	poche
	grange	gageure	
	singe	en rangeant	
		mangeons	

+ *mots d'emprunt :* **sch** ➝ schéma – kirsch – putsch – schisme – **sh** ➝ shérif – short – shampooing – **sc** ➝ fascisme – crescendo.

« Tu n'as pas de jugeote », chuchote Jojo à sa chère Julie.

*

Georgette, cette chochotte, fait des chichis !

*

Jour après jour l'agile Achille agit et s'agite.

*

À la gare Perrache,
un apache
en voyage
agite son plumage.

Sur une branche,
une très étrange
orange
compte et range ses tranches

Sur une riche péniche,
un juge
âgé et sage
offre une pêche à son page.

M.L

* * *

La vache lâche se fache et se cache sous la bâche.

Raymond QUENEAU, extrait de « Forme de la forme », in *Battre la campagne*, Éd. Gallimard.

* * *

Un ange qui songeait à changer son visage pour donner le change
se vit si changé, que loin de louanger ce changement, il jugea
que tous les autres anges jugeraient que jamais ange ainsi changé ne
rechangerait jamais, et jamais plus ange ne songea à se changer.

Traité de diction.

* * *

Les manèges déménagent
Manèges, ménageries, où ?... et pour quels voyages ?
Moi qui suis en ménage
Depuis... ah ! y a bel âge !
De vous goûter, manèges,
Je n'ai plus... que n'ai-je ?...
L'âge. [...]

Les manèges déménagent.
Ah ! vers quels mirages ?
Dites pour quels voyages
Les manèges déménagent.

Max JACOB, extrait de « Avenue du Maine », in *Les Œuvres burlesques et mystiques de Frère Matorel mort au couvent*, in *Saint Matorel*, Éd. Gallimard.

CHAPITRE 19
[ʃ] – [s] – [z] – [ʒ]

■ SENSIBILISATION ET DISCRIMINATION

1. [ʃ] / [s]

Les mots prononcés sont-ils identiques ou différents ? Cochez la bonne case.

Exemple :   *russe – russe*   ➔ =
        ruche – russe   ➔ ≠

À vous :

	=	≠		=	≠
1.	......	......	6.	......	......
2.	......	......	7.	......	......
3.	......	......	8.	......	......
4.	......	......	9.	......	......
5.	......	......	10.	......	......

2. [ʃ] / [s]

Entendez-vous la suite [ʃ] - [s] ou la suite [s] - [ʃ] ? Cochez la bonne case.

Exemple :   *chaussette* ➔ [ʃ] - [s]
        sécher   ➔ [s] - [ʃ]

À vous :

	[ʃ] - [s]	[s] - [ʃ]		[ʃ] - [s]	[s] - [ʃ]
1.	......	......	5.	......	......
2.	......	......	6.	......	......
3.	......	......	7.	......	......
4.	......	......	8.	......	......

3. [ʒ] / [z]

Indiquez dans chaque série les mots semblables. Cochez la bonne case.

Exemple : **rase**   **rase**   *rage*   ➜ 1-2
         auge   *ose*   **auge**   ➜ 1-3

À vous :

	1	2	3		1	2	3
1.	...	...	...	4.	...	...	...
2.	...	...	...	5.	...	...	...
3.	...	...	...	6.	...	...	...

I. [ʃ] - [s]

■ ENTRAÎNEMENT ARTICULATOIRE

4. [ʃ] / [s]

Reproduisez les sons prononcés.

A. *Devant les voyelles non arrondies :*
   – pour [ʃ], arrondissez les lèvres, pointe de la langue en haut ;
   – pour [s], écartez les lèvres pointe de la langue en bas ; faites siffler la consonne.

   – [ʃʃʃʃʃʃʃʃ] [sssssssss] [ʃʃʃʃʃʃʃʃ] [sssssssss].
   – [ʃʃʃʃʃa] [ʃʃʃʃʃa] [sssssa] [sssssa] [ʃʃʃa] [sssa] [ʃa] [sa].
   – [ʃʃʃʃʃɛ] [ʃʃʃʃʃɛ] [sssssɛ] [sssssɛ] [ʃʃʃɛ] [sssɛ] [ʃɛ] [sɛ].
   – [ʃʃʃʃʃi] [ʃʃʃʃʃi] [sssssi] [sssssi] [ʃʃʃi] [sssi] [ʃi] [si].

B. *Devant les voyelles arrondies, les lèvres sont arrondies pour [ʃ] et [s] ; seule la position de la langue change .*

   – [ʃʃʃʃʃu] [ʃʃʃʃʃu] [sssssu] [sssssu] [ʃʃʃu] [sssu] [ʃu] [su].
   – [ʃʃʃʃʃo] [ʃʃʃʃʃo] [ssssso] [ssssso] [ʃʃʃo] [ssso] [ʃo] [so].
   – [ʃʃʃʃœ] [ʃʃʃʃœ] [ssssœ] [ssssœ] [ʃʃœ] [ssœ] [ʃœ] [sœ].
   – [ʃʃʃʃʃy] [ʃʃʃʃʃy] [sssssy] [sssssy] [ʃʃʃy] [sssy] [ʃy] [sy].

5. Suites.

Répétez.

[s] - [ʃ]	[ʃ] - [s]
– ce chou	– chaque sœur
– ces chèques	– chaque soir
– ces chaussures	– chaque sorte
– c'est chaud	– chez soi
– c'est choquant	– chez ce monsieur
– ça chauffe	– chacun se sert
– ça choque	– chacun chez soi

▲ **6. *Formez les autres formes de l'impératif.***

Exemple : *Choisis ! Choisissons ! Choisissez !*

À vous :

Réussis ! ....

Réfléchis ! ....

Blanchis ! ....

Enrichis-toi ! ....

Rafraîchis-toi ! ....

Ressaisis-toi ! ....

7. Toutes positions.

Répétez les mots suivants.

[ʃ]	cache	cacher	chez
[s]	casse	casser	ses
[ʃ]	lâche	lâcha	chat
[s]	lasse	lassa	sa
[ʃ]	bâche	bachot	chaud
[s]	cuisse	cuissot	sot
[ʃ]	bêche	bêchant	chant
[s]	baisse	baissant	sang
[ʃ]	anche	anchois	choix
[s]	anse	en soie	soie

8. Paires minimales.

Ne confondez pas.

Position initiale			Position intervocalique		
chaud	**et**	sot	On l'a caché.	**et**	On l'a cassé.
chant		sang	Ne pas lâcher.		Ne pas lasser.
soie		choix	Il est fauché.		Il est faussé.
sou		chou	Il est déchu.		Il est déçu.
salle		châle	Il a léché l'assiette.		Il a laissé l'assiette.
scène		chaîne			

Position finale

Il touche.	**et**	Il tousse.	Ça se tache.	**et**	Ça se tasse.
Elle penche.		Elle pense.	ses fiches		ses fils

9. Paires minimales en contexte.

Répétez.

- Ce champ sent bon.
- Soyez gentil, choyez-le.
- Que font ces mouches sur la mousse ?

- Si, si, vous faites des chichis.
- Tu es saoul, mon chou !
- Il faut se baisser pour bêcher.

II. [z] - [ʒ]

■ ENTRAÎNEMENT ARTICULATOIRE

10. *Reproduisez les sons enregistrés.*

A. *Devant les voyelles non arrondies :*
– pour [ʒ] arrondissez les lèvres, pointe de la langue en haut ;
– pour [z] écartez les lèvres pointe, pointe de la langue en bas.
Faites siffler la consonne.

- [ʒʒʒʒʒʒʒʒʒ] [zzzzzzzzz] [ʒʒʒʒʒʒʒʒʒ] [zzzzzzzzz].
- [ʒʒʒʒʒa] [ʒʒʒʒʒa] [zzzzza] [zzzzza] [ʒʒʒa] [zzza] [ʒa] [za].
- [ʒʒʒʒʒɛ̃] [ʒʒʒʒʒɛ̃] [zzzzzɛ̃] [zzzzzɛ̃] [ʒʒɛ̃] [zzɛ̃] [ʒɛ̃] [zɛ̃].
- [ʒʒʒʒʒi] [ʒʒʒʒʒi] [zzzzzi] [zzzzzi] [ʒʒi] [zzi] [ʒi] [zi].

B. *Devant les voyelles arrondies, les lèvres sont arrondies pour* [ʒ] *et* [z] ; *seule la position de la langue change.*

– [ʒʒʒu] [ʒʒʒu] [zzzu] [zzzu] [ʒʒu] [zzu] [ʒu] [zu].

– [ʒʒʒo] [ʒʒʒo] [zzzo] [zzzo] [ʒʒo] [zzo] [ʒo] [zo].

– [ʒʒʒŒ] [ʒʒʒŒ] [zzzŒ] [zzzŒ] [ʒʒŒ] [zzŒ] [ʒŒ] [zŒ].

– [ʒʒʒy] [ʒʒʒy] [zzzy] [zzzy] [ʒʒy] [zzy] [ʒy] [zy].

---

11. **Suites.**

Répétez.

[ʒ] - [z]	[z] - [ʒ]
– J'ose.	– nos ouvrages
– J'hésite.	– vos images
– Vais-je oser ?	– Oserai-je ?
– Puis-je hésiter ?	– Abuserai-je ?

[gz] - [ʒ]

– Tu exagères.

– Il exige trop.

– N'exagérons rien.

– Quelle exigence !

---

12. **Paires minimales.**

Ne confondez pas.

Position initiale		Position intervocalique		Position finale	
gêne **et** zen		léger **et** léser		auge **et** ose	
geste zeste		dégagé dégazé		cage case	
gel zèle		je logeais je l'osais		rage rase	

---

13. **Paires minimales en contexte.**

Répétez.

– Tous les ans, les gens viennent.

– Il demande asile à Gilles.

– Délimitons cette zone en jaune.

– Elle collectionne les œufs et les jeux.

– Jo dirige un zoo.

– Elle vole légère dans les airs.

– J'enrage en rase campagne.

– Il sèvre sa chèvre.

III. Reprise : [z] - [ʒ] - [s] - [ʃ]

■ ENTRAÎNEMENT ARTICULATOIRE

14. Paires minimales.

Distinguez bien les mots suivants.

[z]	[ʒ]	[s]	[ʃ]
case	cage	casse	cache
Asie	agit	assis	hachis
j'use	juge	j'eusse	juche
rosée	Roger	rosser	rocher
léser	léger	les « C »	lécher
	âgé	assez	haché
	pas nager	panacée	panaché
	j'erre	serre	cher
un zeste	un geste	inceste	
azur		assure	hachure
l'aisance		les sens	les chances
rasa	ragea		rachat

■ INTONATION ET ARTICULATION

15. *Reprenez les phrases suivantes.*

– Il faut que ça serve !
– Il faut que ça sèche !
– Il faut que ça se sache !
– Il faut que ça change !
– Il faut que ça choque !
– Il faut que ça chauffe !

16. Suites.

Articulez clairement ces phrases.

[ʒ] - [ʃ] / [s] - [z]

– J'ai cherché ses outils.
– J'ai chanté ces airs.
– J'ai changé ses habitudes.
– J'ai charmé ses amis.
– J'ai chiffré ses emprunts.
– J'ai acheté ses œuvres.
– J'ai chassé ces importuns.
– J'ai réchauffé ses oreilles.

■ JEUX POÉTIQUES, JEUX PHONÉTIQUES

Un chasseur sachant chasser doit savoir chasser sans son chien.

Virelangue populaire.

* * *

Charles chuchote
Sacha s'acharne
Suzon susurre
Zoé zozotte
Zazie s'insurge
Sissi s'échine
Charlie gigote
Zézette rosit
José rougit
Zita s'agite
Suzie jacasse
et Georges jase.

*

Natacha n'attacha pas son chat.
Sachez que Natacha n'attacha pas son chat.
Sachez, Sacha, que Natacha n'attacha pas son chat.
Sachez, mon cher Sacha, que Natacha n'attacha pas son chat.
Sachez, mon cher Sacha, que la chère Natacha n'attacha pas son chat.

M̧L

CHAPITRE [l] – [ʀ] 20

■ IDENTITÉ

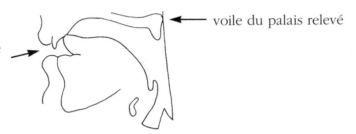

pointe de la langue
contre les alvéoles,
l'air passe sur les
côtés

voile du palais relevé

[l] : constrictive latérale alvéolaire.

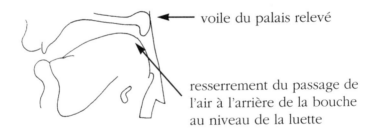

voile du palais relevé

resserrement du passage de
l'air à l'arrière de la bouche
au niveau de la luette

[ʀ] : constrictive uvulaire.

■ COULEURS SONORES

> **[l] / [ʀ]** Bruit de la mer. Une voix : « La mer ! partout la mer ! des
> flots, des flots encore. » *(Victor Hugo.)*

■ SENSIBILISATION ET DISCRIMINATION

1. Confusion [l] / [R].

Classez les mots suivants, qui tous sont en relation avec « la mer », à la place qui convient dans le tableau.

la me___ – les f___ots – une voi___e – un rou___eau – un ma___in – la ___ame – ___amer – une c___ique – une î___e – une fa___aise – la ma___ée – un pha___e – un navi___e – les emb___uns – le c___apot – le ___ittora___ – le rou___is – les ga___ets – une ___ade – un pi___ate – un ou___agan – un ato___ – un go___fe – une to___nade – les a___gues – un po___t – une p___age – à l'abo___dage !

	[R]	[l]
En finale	*la mer*	*une voile*
	....	....
	....	....
	....	....
À l'initiale	....	....
	....	....
	....	....
Intervocalique	....	....
	....	....
	....	....
	....	....
[l] ou [R] + consonne	....	....
	....	....
Consonne + [l] ou [R]	....	*les flots*
	....	....
	....	....

2. Confusion [l] / [R].

Écoutez et complétez les mots conformément à ce que vous avez entendu.

Exemple : *Dix f...ancs ce f...an.* ➙ *Dix francs ce flan.*

À vous : P...ends ce p...an. ➙ ....

Le ca… ca…e. ➛ ....

On pâ…it à Pa…is. ➛ ....

L'eau cou…e dans la cou…. ➛ ....

Il …ève qu'il se …ève. ➛ ....

Acc…oche la c…oche. ➛ ....

une b…anche b…anche. ➛ ....

la …oi du …oi. ➛...

ma seu…e sœu…. ➛ ....

une te…e te…e. ➛ ....

I. [l]

■ MOTS-OUTILS, MOTS UTILES

[l] il – elle – celle – nul(le) – tel(le) – quel(le)
le – la – l' – les – lui – leur
cela – celui – celle – tellement – selon – au lieu de – quelque
plus – plutôt – malgré

■ ENTRAÎNEMENT ARTICULATOIRE

3. [l]

Gardez la pointe de la langue au même niveau que pour [n] *ou* [t]. *Ne reculez pas la langue et ne la creusez pas.*

A. ni – dîne – Line ; note – dot – lotte ; natte – date – latte ; Nantes – Dante – lente.

B. – Nie-le. ➛ Ne le nie pas.

– Dis-le. ➛ Ne le dis pas.

– Tue-le. ➛ Ne le tue pas.

– Lis-le. ➛ Ne le lis pas.

– Ne le dis ni ici ni là.

– Ne le dis ni à Lise ni à Luc.

– Ne le tue ni à Nice ni à Tunis.

– Ne le nie ni à nous ni à lui.

4. [l] initial, final et intervocalique.

Gardez le même timbre au [l]*, quelle que soit sa position. Ne creusez pas la langue même si la voyelle est ouverte.*

Initial	Final	Intervocalique
lire – livre	île – mille	ilôt – millier
louve – lourd	houle – moule	Toulon – moulu
lait – l'air	belle – gel – quel	bélier – cellier
l'œuf – l'heure	seul – gueule	selon – gueuler
lot – l'aube	hall – môle	
lotte – Laure	sol – folle	soleil – colère
la – lame – lard	salle – pâle	aller – saler

5. Enchaînement.

Faites passer le [l] *final dans la syllabe suivante.*

Exemple :   – *un pull en laine*   – *Elle arrive.*

À vous :   – un bel Apollon   – Il entend mal.

  – un bal en plein air   – Quel accueil !

  – un ciel étoilé   – Quelle histoire !

  – un seul instant   – Qu'elle entre !

  – une foule immense   – Qu'il étudie plus !

6. Géminées.

Maintenez la tenue du [l]*.*

  – Il le dit.   – On peut le laver.

  – Il l'attend.   – Il faut le laisser.

  – Elles l'entendent rire.   – Tu veux le lancer ?

  – Ils l'oublient.   – On va le licencier ?

7. Groupe consonantique : consonne + [l].

Répétez. Ne faites pas apparaître une voyelle entre la consonne et le [l]*.*

	Consonne sourde + [l]
En finale : **[l sourd]**	boucle – oncle – socle – cercle souffle – giffle – mouffle – trèfle souple – couple – simple – peuple
À l'initiale : **[l sonore]**	classe – clair – clé – clou plaire – plume – plein – pluie fleur – flan – flou – flûte

À l'intervocalique : [l sonore]	gicler – acclamer – éclairer siffler – souffler – ronfler sembler – meubler – troubler
	Consonne sonore + l = [l] sonore
En finale	sigle – aigle – angle – ongle bible – cible – meuble – rouble
À l'initiale	glace – glaive – glouton – glu bleu – blond – bloc – blanc
À l'intervocalique	sanglier – cinglé – étrangler complice – complet – applaudir

■ INTONATION ET ARTICULATION

8. Répétez.

- Recule, recule, recule encore. Là... stop !
- Annulez, annulez tout.
- Ne vous affolez pas ! pas d'affolement !
- Laisse-les, ne t'en mêle pas, laisse-les.
- Allez, file, file, file, ne reste pas là, file !
- Faufilons-nous par là ! oui, par là, faufilons-nous !
- Ne pleure pas, calme-toi, ne pleure plus !
- Rappelez le lundi, oui, lundi, chez lui !

9. Répétez en respectant le schéma intonatif.

- C'est facile ou difficile ?
- C'est lisible ou illisible ?
- C'est légal ou illégal ?
- C'est douloureux ou indolore ?
- C'est lourd ou léger ?

- C'est loin ou c'est pas loin ?
- C'est à lui ou à elle ?
- C'est lui ou c'est pas lui ?
- Ça l'embellit ou ça l'enlaidit ?
- Ça aura lieu à Lille ou à Lyon ?

10. Répétez en respectant le ton interrogatif.

- Y a-t-il des crocodiles sur le Nil ?
- Y a-t-il des gazelles au Brésil ?
- Y a t-il des libellules à Tulle ?
- Y a-t-il des sauterelles à Bruxelles ?
- Y a-t-il du pétrole au Tyrol ?
- Y a-t-il des cigales à Malte ?

■ JEUX POÉTIQUES, JEUX PHONÉTIQUES

Colin câlina Adèle, alors Alice alla à Lille.

*

N'allez pas là, n'allez pas loin, allons à l'eau, allons au lac.

*

L'élu du peuple appelle à l'aide.

*

Aline a lu au lit, laisse-la lire à son allure.

*

Lundi, à l'aube, la lune a lui.

M_L

* * *

Avec le temps le toit croule
avec le temps la tour verdit
avec le temps le taon vieillit
avec le temps le tank rouille

avec le temps l'eau mobile
et si frêle mais s'obstinant
rend la pierre plus docile
que le sable entre les dents

avec le temps les montagnes
rentrent coucher dans leur lit
avec le temps les campagnes
deviennent villes et celles-ci

retournent à leur forme première
les ruines même ayant leur fin
s'en vont rejoindre en leur déclin
le tank le toit la tour la pierre.

Raymond QUENEAU, « Avec le temps », extrait de « Forme de la ferme »,
in *Battre la campagne*, Éd. Gallimard.

* * *

Îles
Îles
Îles où l'on ne prendra jamais terre
Îles où l'on ne descendra jamais
Îles couvertes de végétation
Îles tapies comme des jaguars
Îles muettes
Îles immobiles
Îles inoubliables et sans nom
Je lance mes chaussures par-dessus bord car je voudrais
bien aller jusqu'à vous.

Blaise CENDRARS, *Au cœur du monde*, Éd. Denoël.

II. [ʀ]

◼ DISCRIMINATION

11. **Opposition passé simple / futur. [ʀ] ou [ʀː].**

*Entendez-vous le passé simple puis le futur (ordre 1 - 2), ou le
futur puis le passé simple (ordre 2 - 1) ?*

1. Passé simple [ʀ]   **2. Futur [ʀː]**

Exemple :
– *Il se gara près de chez lui.* – *Il se garera près de chez lui.* ➜ **2 - 1**

À vous :

A. Il espéra toute sa vie.   – Il espérera toute sa vie.   ➜ ....
B. Elle serra les dents.   – Elle serrera les dents.   ➜ ....
C. On le pleura beaucoup.   – On le pleurera beaucoup. ➜ ....
D. On erra longtemps.   – On errera longtemps.   ➜ ....
E. Il s'empara du pouvoir.   – Il s'emparera du pouvoir. ➜ ....

◼ MOTS-OUTILS, MOTS UTILES

> **[ʀ]** rien
> sur – par – pour – vers – dehors – derrière – encore – car –
> d'abord – à partir de – toujours – ailleurs – d'ailleurs
> durant
> entre – contre – autre – près – après – peut-être – trop – très –
> malgré – grâce à – notre – votre
> personne – parce que – parmi – parfois – partout – surtout

◼ ENTRAÎNEMENT ARTICULATOIRE

12. **[ʀ] final.**

Sur l'expiration, allongez les voyelles et terminez par un **[ʀ]**
*articulé en arrière d'une manière relâchée. La langue reste
plate, la pointe derrière les dents du bas.*

– [aaaaaaaaaaaaaaaaʀ].
– [ooooooooooooooʀ].
– [ɛɛɛɛɛɛɛɛɛɛɛɛɛɛɛɛɛɛʀ].
– corps – fort – mort – bord – port.
– car – gare – phare – par – bar.
– Caire – guerre – fer – père – mère.

13. [R] préconsonantique en finale.

Allongez le [R].

— car – carpe – carte.
— bar – barque – barbe.
— mare – marque – marche.
— art – arc – harpe.
— cour – courge – courbe.
— père – perche – perce.
— ver – verbe – verse.

14. Suffixation : [R] en finale de mot et de syllabe.

Répétez.

largeur	partir	verdure
marcheur	garnir	mercure
chargeur	élargir	ouverture
serveur	sortir	bordure
porteur	ternir	morsure
chercheur	verdir	tournure

15. [R] intervocalique.

Répétez.

— Marie se marie à Paris.
— Carine ira à Rome.
— Le moral de Boris est morose.
— Thierry adore les haricots et les carottes.
— Éric sera heureux quand il verra Gérard.
— Les souris font peur à Irène.
— Maurice a horreur des rues décorées.
— Henri et Honoré ironisent devant l'air ahuri de Robert.

16. Enchaînement.

Faites passer le [R] final dans la syllabe suivante.

Écoutez : *par hasard*   *On part ensemble.*

À vous :

par amour	Elle sort à 5 heures.
par habitude	Il dort encore.
par exemple	Il a un fort accent.
par instinct	Il a un sort enviable.
par ici	C'est un lourd handicap.

17. Géminées.

Allongez la durée du [R].

– Pour rire.
– Sur rendez-vous seulement.
– Encore recommencer !
– D'abord réfléchir puis agir.

– Toujours rebelle !
– Derrière Robert.
– Vers Rome.
– Par radio.

18. [R] initial.

Passez du [R] intervocalique au [R] initial.

ara	rat	rage	rate
arrêt	raie	raide	rêve
parent	rang	range	rente
marron	rond	ronge	ronde
verrou	roux	rouge	route
Paris	riz	rive	ride
verrue	rue	rhume	rude

19. Préfixation.

Formez les verbes indiquant la répétition.

– *ouvrir* ➙ **r***ouvrir*

– apporter ➙ ....
– accrocher ➙ ....
– allumer ➙ ....
– appeler ➙ ....

– *organiser* ➙ **ré***organiser*

– affirmer ➙ ....
– apparaître ➙ ....
– abonner ➙ ....
– habituer ➙ ....

20. Consonne sourde et [R] = [R] assourdi.

Répétez les mots suivants. Au contact d'une consonne sourde, le [R] s'assourdit. Sentez la friction postérieure du [R].

[kR]

sacre – nacre – sucre
écraser – écran – écrou – écrire
crabe – craie – crue – cri

[fR]

affres – coffre – chiffre
affreux – coffret – chiffrer
fragile – phrase – France

[pR]

âpre – câpre – lèpre
après – apprendre – apprécier
pratique – propre – prix

[tR]

notre – fenêtre – ministre
fatras – bistro – métro
trace – trop – très – truc

[R] entre deux consonnes sourdes

pourpre – Air France – mercredi – surprise
pour preuve – pour François – pour trois
par crainte – par prudence – par train

---

21. **Consonne sonore et [R] = [R] sonore.**

Répétez les mots suivants.

[gR]

ogre – maigre – tigre
grave – grotte – graisse
aggraver – malgré – agresser

[bR]

sabre – glabre
bras – brader – brocante
cobra – cabri – cabrer

[vR]

lèvre – livre – givre
vrac – vrai – vriller
ivresse – ouvrage – couvrir

[dR]

cadre – moudre
drap – drôle – drain – dru
madras – cadrer – cadran

[R] entre deux consonnes sonores

arbre – marbre – ordre – mordre – perdre
pour Brest – pour Brigitte – pour Bruno
vers Grenoble – vers Brest

---

22. **Groupes consonantiques.**

Répétez les phrases suivantes. Ne prononcez pas les « e » barrés.

– Ce s∉ra dur.

– On s∉ reverra.

– Ça f∉ra mal.

– On s∉ra trois ou quatre.

– Tu achèt∉ras ça.

– On organis∉ra tout.

– J'y pens∉rai plus tard.

– Vous s∉rez nombreux.

– Tu l∉ rappelles.

– Tu t∉ rendors ?

■ INTONATION ET ARTICULATION

23. **[R] final.**

Reconstituez régressivement les phrases suivantes.

• à la gare
en car à la gare
part en car à la gare
Edgar part en car à la gare.

• à Dakar
dans un bar à Dakar
se bagarre dans un bar à Dakar
Oscar se bagarre dans un bar à Dakar.

- au port
  encore au port
  Hector dort encore au port.

- toujours
  court toujours
  Pierre Latour court toujours.

- sans espoir
  pleure sans espoir
  César pleure sans espoir
  César, dans le noir, pleure sans espoir.

- un verre
  se sert un verre
  Esther se sert un verre.

- ses chaussures
  cire ses chaussures
  Tibure cire ses chaussures.

24. [R] final.

Prononcez les phrases suivantes dans un soupir, comme dans l'enregistrement. Respectez les pauses.

— Hector, mon cher Hector, j'ai tort.

— Sans retour, ce départ.

— Elle pleure, depuis trois heures.

— Laure, chère Laure, je pars.

— Encore en retard, encore !

— La guerre, toujours la guerre.

25. [R] : toutes positions.

Répétez les phrases de cette conversation téléphonique en très léger décalage par rapport au locuteur.

Allô, oui, bonjour… non, pas encore… malheureusement, non… Pas de problème, ce sera fait… Je vous assure… Soyez sans crainte… bien sûr, je comprends… mais certainement… ce sera fait, soyez rassuré… pour mardi ou mercredi ? Peut-être… Ah ! pour vendredi, certainement… comme prévu !... mais je vous en prie… à votre service ; au revoir, monsieur... je vous en prie.

26. Groupes consonantiques avec [R].

Répétez les phrases suivantes puis reprenez en continu tout le texte.

« Encore !
- Ça alors, c'est trop fort !
- C'est la troisième fois en trois jours !
- Non, c'est trop ! Vraiment tu exagères !
- Tu trouves ça normal, toi ? Trois fois en trois jours !
- C'est invraisemblable une chose pareille !
- Mardi, l'aile droite, mercredi le pare-choc arrière et aujourd'hui, la porte arrière droite.
- C'est la dernière fois, la dernière fois que je te prête la voiture ! »

■ JEUX POÉTIQUES, JEUX PHONÉTIQUES

Bouquet

Trois pensées trois coquelicots trois soucis
Trois soucis trois roses trois œillets
Les trois roses pour mon amie
Les trois œillets pour mon ami
Les trois coquelicots pour la petite fille si triste
Les trois pensées pour mon ami
Les trois soucis pour moi

Robert DESNOS, in « 1930-1939 », issu de *Destinée arbitraire*, Éd. Gallimard.

* * *

Marie a des malheurs
et la pauvre Marie
éplorée, pleure et pleure
à longueur de journée.

La grand-mère de Marie
et son père et sa mère
et sa sœur et son frère
un soir se concertèrent :
Comment rendre à Marie
sa belle humeur rieuse ?
Comment refaire rire
cette pauvre Marie ?

« Trouvons lui un mari », suggéra la grand-mère.
« Je le voudrais boxeur », dit le frère de Marie.
« Je l'aimerais mieux acteur », dit la sœur de Marie.
« Ou bien alors coiffeur », dit le père de Marie.
« Pourvu qu'il ait du cœur », dit la mère de Marie.
« Il faudrait qu'il soit fort », dit le frère de Marie.
« Et d'une santé de fer », dit la mère de Marie.
« Ou bien qu'il en ait l'air », suggéra la grand-mère.

Puis ils le virent riche
avec des dents en or.
Puis d'une beauté rare
avec de grands yeux verts.
Puis rêveur, voyageur,
rentier, escroc, empereur,
ingénieur, balayeur...

Ils y seraient encore, si de derrière la porte,
à les ouïr ainsi lui chercher un mari,
par un heureux miracle, Marie n'avait ri !

M
L

III. Reprise : [l] - [ʀ]

■ ENTRAÎNEMENT ARTICULATOIRE

27. [l] et [ʀ] initial et intervocalique : préfixation.

Formez les contraires.

[l]

légal	➔	***il****légal*
légitime	➔	....
lisible	➔	....
limité	➔	....
licite	➔	....
logique	➔	....

[ʀ]

réparable	➔	***ir****réparable*
respirable	➔	....
régulier	➔	....
responsable	➔	....
rationnel	➔	....
résolu	➔	....

28. Paires minimales [ʀ] / [l].

Ne confondez pas.

Position initiale			finale		
loup	**et**	roue	l'air	**et**	l'aile
lampe		rampe	la selle		la serre
lait		raie	le cil		le sire
long		rond	l'école		les corps
loi		roi	le bal		le bar
lire		rire	les mules		les murs
lit		riz	les cales		les cars
lame		rame	les mâles		les mares

intervocalique			Groupe consonantique		
village	**et**	virage	pli	**et**	prix
galop		garrot	flingue		fringue
calé		carré	flair		frère
calotte		carotte	blâmer		bramer
foulure		fourrure	flic		fric
sceller		serrer	clan		cran
allaiter		arrêter	cloche		croche

29. Paires minimales en contexte.

Répétez.

- Faisons un tour à Toul.
- Où aller ? à Calais ou à Carhaix ?
- Il broie du noir à Blois.
- On lira sous le lilas.
- « Lime » et « crime » riment.
- L'alcool rend lent ou violent.
- De plus près, ça te plaît.
- Elle a arrêté d'allaiter.
- Il joue aux boules au bourg.
- Elle erre sans rien faire.

30. Paires minimales : [l] / [ʀ].

Ne prononcez pas les « e » barrés. Ne confondez pas.

– Je vais rę̸chercher.	≠	– Je vais lę̸ chercher.
– Je vais rę̸commencer.		– Je vais lę̸ commencer.
– Je vais rę̸trouver.		– Je vais lę̸ trouver.
– Je vais rę̸doubler.		– Je vais lę̸ doubler.
– Je vais rę̸garder.		– Je vais lę̸ garder.
– Je vais rę̸descendre.		– Je vais lę̸ descendre.
– Je vais rę̸monter.		– Je vais lę̸ monter.
– Je vais rę̸corriger.		– Je vais lę̸ corriger.

31. Suites.

Répétez.

[ʀ] - [l]	[l] - [ʀ]
mords-le	Elle rappellera.
serre-le	Il raconte bien.
endors-la	Elle répète tout.
tire-les	Ils rient.
jure-le	Quel retard !
pour lui	Quelle rapidité !
sur l'herbe	Quel rêve !
vers là	Qu'elle revienne ce soir !
par là	Qu'ils rangent tout !
encore lui	Qu'il rappelle plus tard !
toujours lui	Qu'elles rentrent immédiatement !

■ INTONATION ET ARTICULATION

32. *Écoutez, puis rejouez le dialogue.*

Riri : – Allô Lili ? ici Riri.

Lili : – Salut Riri.

Riri : – Lulu est là ?

Lili : – Elle est au lit.

Riri : – Encore au lit, à l'heure qu'il est ! Elle dort encore ?

Lili : – Elle lit au lit.

Riri : – Elle lit au lit à l'heure qu'il est ? Sacrée Lulu !

Lili : – Elle lit au lit tous les lundis.

Riri : – Je la rappellerai ! Salut Lili. Salue Lulu !

Lili : – Salut Riri.

---

33. *Ne prononcez pas les « e » barrés.*

– Je vais l¢ rendre, d'accord ?

– On va l¢ raconter, c'est sûr.

– Il faut l¢ réclamer, bien sûr.

– Je vais l¢ refaire, d'accord ?

– On va l¢ rappeler, bien sûr.

– On va l¢ revoir, c'est sûr.

---

34. *Reprenez les intonations proposées.*

– Quelle rapidité, bravo !

– Quel rêve étrange, bizarre !

– Quelle rencontre insolite, curieux !

– Quelle route tortueuse, incroyable !

– Quel rire, inimaginable !

– Quel rôle merveilleux, formidable ! Je vais le rendre, d'accord ?

---

35. **Variations d'intonation : « alors ».**

Faites varier les intonations en fonction du sens, comme dans l'enregistrement.

– Ça alors ! lui ici ! C'est incroyable !

– On part demain, ça alors, c'est super !

– Une heure de retard ! Ça alors, c'est un peu fort !

– Encore cinq cents francs ! Toi alors, tu exagères !

– Et alors, ça marche votre affaire ?

– Et alors, ce livre, il sort ?

– Je ne parle pas, et alors ? Qu'est-ce que ça peut faire ?

– J'ai eu tort, bon, et alors ? Ça arrive !

36. *Nommez les cris et sons que profèrent les animaux suivants, puis vérifiez votre prononciation.*

	[l]	**[R]**	**[l] - [R] ou [R] - [l]**	
Exemple :				
le lapin	*glapir*	–	–	→ *glapit*
le loup	–	–	*hurler*	→ *hurle*
À vous :				
l'âne	–	braire	–	→ ....
le cerf	–	brâmer	–	→ ....
le chat	miauler	ronronner	–	→ ....
le mouton	bêler	–	–	→ ....
l'éléphant	–	barrir	–	→ ....
le porc	–	grogner	–	→ ....
le serpent	siffler	–	–	→ ....
l'abeille	–	bourdonner	–	→ ....
le corbeau	–	croasser	–	→ ....
le lion	–	rugir	–	→ ....
le dindon	glouglouter	–	–	→ ....
le pigeon	–	–	roucouler	→ ....
le hibou	hululer	–	–	→ ....

■ JEUX POÉTIQUES, JEUX PHONÉTIQUES

Pourquoi n'a-t-on jamais chanté
la rue Galilée
la rue Galilée pleine de dahlias
la rue Galilée pleine d'hortensias
la rue Galilée aux nobles frontons
la rue Galilée aimée des piétons
la rue Galilée bordée de canaux
la rue Galilée chérie des autos
la rue Galilée terriblement belle
la rue Galilée qui est vraiment celle
qu'il me faut chanter
en prose ou en vers
à tout l'univers
la rue Croix-Nivert

Raymond QUENEAU, « La Rue Galilée », in *Courir les rues*, Éd. Gallimard.

Vent qui souffle
Roues qui crissent
Portières qui claquent

Clés qui cliquètent
Porte qui grince
Pas qui résonnent

Orage qui gronde
Balle qui explose
Chien qui hurle

Portière qui claque
Moteur qui rugit
Vent qui souffle

Les tourterelles roucoulent
L'eau murmure
Les robes froufroutent
Les verres s'entrechoquent
Crincrins des violons
Bruissements
Serments susurrés
Rires, sourires, soupirs

M
 L

■ CODE PHONOGRAPHIQUE

[l]
l
livre
lune
élève
alité
brûler
idéal
cruel
seul
ll
allumer
villa
tranquille
ville
illisible
aller

[R]
r
rat
roue
riz
rire
rare
grave
prudence
croire
boire
dur
sur
rr
arrêter
arriver
horrible
terre
beurre

Titres parus ou à paraître

Pour chaque ouvrage, des corrigés sont également disponibles.

- ## 350 exercices de grammaire
  - *niveau débutant*
  - *niveau moyen*
  - *niveau supérieur I*
  - *niveau supérieur II*

- ## 350 exercices de vocabulaire
  - *Vocabulaire illustré niveau débutant*
  - *Exercices, textes et glossaires, niveau avancé*

- ## Orthographe de A à Z 350 règles, exercices, dictées

- ## 350 exercices de révisions
  - *niveau 1*
  - *niveau 2*
  - *niveau 3*

- ## 350 exercices de français des affaires

- ## 350 exercices de phonétique avec six cassettes

Imprimé en France par I.M.E. - 25110 Baume-les-Dames
Dépôt légal n° 22301-05/2002
Collection n° 23 - Édition n° 05
15/4950/0